Stefan Vogel · Johannes Hampel · Dieses lebendige Augsburg

Stefan Vogel · Johannes Hampel · Dieses lebendige Augsburg

Stefan Vogel
Johannes Hampel

Dieses lebendige Augsburg

Portrait einer
europäischen Stadt

Verlag Die Brigg Augsburg

Hier läßt sich's leben

Manchen Städten sieht man ihre Schönheit schon von außen an: Passau, Salzburg, San Francisco. Um Augsburg kennenzulernen, muß man in die Stadt hineingehen; man muß sie durchwandern, die stolze Maximilianstraße, den Hohen Weg, die Anna- und die Fuggerstraße. Wer Sinn für Raum und Proportionen besitzt, wird schon hier den reichsstädtischen Anspruch dieses Gemeinwesens spüren, das sich nur dem Kaiser beugen wollte. Um aber den Menschen, den Augsburgern zu begegnen, darf man seine Wanderung nicht auf die großen Straßenzüge beschränken, wo Verkehr und Geschäftigkeit herrschen. Am weiten Platz vor dem Rathaus lädt im Sommer ein Straßen-Restaurant zur Rast ein. Beim Betrachten des herrlichen Elias-Holl-Baues mag der Dialog mit der Stadt und ihren Bewohnern beginnen. Vielleicht will der Fremde aber zunächst gar nicht reden sondern nur dasitzen und staunen, daß ein solches Rathaus »damals« (1620) errichtet werden konnte. Hier gelang die Wiedergeburt — Renaissance — klassischer Schönheit, wie nirgends sonst nördlich der Alpen. Mit Perlachturm, dem Neuen Bau und dem Augustusbrunnen haben wir ein Ensemble großer Architektur vor uns, das jeder Sehende bewundert. Wer auf diesem Platz vor dem Augsburger Rathaus verweilt, wem sich die Sinnbilder von Doppeladler und Pinienzapfen erschließen, wer sich dabei auch leiblich stärkt, wird unschwer den Kontakt zu den Augsburger finden.

Dabei ist es möglich, daß der Besucher einige Anläufe braucht, um den richtigen Partner zu finden. Touristen aus aller Welt, Gastarbeiter neun verschiedener Völker, Studenten von fern und nah lieben diesen Platz in der Mitte, um sich zu treffen, und um von hier aus die Stadt zu »erobern«. Überdies sagt ein Klischee dem Augsburger eine gewisse Reserve gegenüber dem Fremden nach. Wer ein wenig Geduld hat, kann sich vom Gegenteil überzeugen, gibt es doch »die Augsburger« so wenig und so viel wie »die Wiener« oder »die Londoner«. Rund ein Drittel der Augsburger sind nicht mit Lechwasser getauft: sie kommen aus dem angrenzenden Oberbayern, aus Schlesien und Böhmen, aus Kroatien, der Türkei, dem Allgäu und aus Mittelschwaben. Das Geburtsregister der Stadt vermerkt für eine bestimmte Woche der 70er Jahre folgende Namen: »Agazzi Marco,

Cakir Mirza, Colasuonno Loredana, Esen Mehmet, Floyd Jasen, Frey Markus . . .« Trotzdem hört man nichts von Überfremdungsangst. Die Kinder im Saurengreinswinkel, an der Schwedenstiege, am Proviantbach und am Hochfeld werden beim Himmel-Hölle-spielen, bei Räuber und Schandi und anläßlich der ersten Mopedfahrten diese Stadt als ihre Lebensbühne betrachten und sich als Augsburger fühlen.

Sie werden beim Fortbestehen der gegenwärtigen Sozialstruktur in den mehr als tausend Gewerbe-, und in den 205 Industriebetrieben Arbeit und Brot finden; sie werden sich in den Kindergärten, in den Grund-, Haupt- und Realschulen, in den Gymnasien, Akademien, in der Fachhochschule und an der Universität auf das Leben vorbereiten und dabei die glückhafte Chance haben, am pulsierenden Leben einer Großstadt teilzunehmen, die bei allem Wachstum das humane Maß bewahrt hat.

Wie die Augsburger leben und wie sie arbeiten? — Vermutlich nicht wesentlich anders als die Nürnberger, Mailänder und Kopenhagener: als Kaufleute, Handwerker, Industriearbeiter, Lehrer, Manager und Künstler; als Hausfrauen, Familienväter, als Kinder und Rentner; als Angehörige eines Schützenvereins, einer politischen Partei und als mehr oder weniger treue Katholiken, Evangelische, Moslems und Juden, als Sektierer und als Atheisten. Was jeder Stadt Eigenart und Reiz gibt, sind die Mischungsverhältnisse, die das soziale Ganze bestimmen. In Sirmione am Gardasee dominieren die Maler, in Hamburg die Seeleute und in Augsburg die Industriearbeiter. Zugegeben: dies sind Klischees, Gemeinplätze, die aber von einem Funken Wahrheit leben. Augsburg ist die industrie-dichteste Stadt Bayerns. Rund 60 000 seiner 250 000 Bewohner arbeiten in den Industrie-

betrieben; Maschinenbau, Textil-, Elektro- und Papier-Industrie bilden die wichtigsten Gruppen.

Seit Beginn der Industrialisierung verbinden sich mit dem Namen Augsburgs Pionierleistungen. Hier wurde der erste Dieselmotor gebaut; hier gelang 1931 August Piccard der erste Aufstieg in die Stratosphäre; das erste lenkbare Luftschiff, die Rumpler-Tauben und die Überschalljäger Messerschmitts kamen aus Augsburg. In der Textil- und Kunststoffherstellung nimmt die Stadt eine Spitzenstellung ein. Und doch bewahrten die Bewohner ihre Stadt davor, ein typisches Industriezentrum zu werden.

Ungewöhnlich blieb die Vielfalt der Handwerksbetriebe. Zinngießer und Schmiede, Wagner und Wachszieher, Bäcker und Metzger, Putzmacherinnen und Schuster, Instrumentenmacher und Glaser mit alten oder modernen Firmenschildern beleben das Straßenbild. Daneben das Angebot des Handels vom »Bauernmarkt« über Käuflereien und die Gemischtwarenhandlung am Eck bis zu Spezialgeschäften und modernen Supermärkten.

Vielfalt bestimmt auch das Angebot an Bildungsstätten vom Kindergarten bis zur Universität. Noch bunter stellt sich die Szene der Vereine, Clubs und Verbände dar: Briefmarkensammler, Schachspieler und Astronomen, Bergsteiger, Skifahrer, Fußballfreunde, die Prominentenelf der Datschiburger Kickers, Landsmannschaften, Orden und Gilden. Mehr als tausend sind ins Vereinsregister eingetragen und ebensoviel mögen auf loser Basis existieren. Das demokratische Urrecht der Vereinigungsfreiheit wird an Lech und Wertach lebendig praktiziert, ohne daß daraus Vereinsmeierei geworden ist; daß diese in Augsburg auch vorkommt, sei offen zugegeben.

So lebt die Stadt und ihre Bürger in einem reich entwickelten sozialen Bezugssystem, eingebettet in die Verfassungsordnung des Freistaates Bayern und der Bundesrepublik Deutschland. Verbunden mit den Patenstädten Bourges in Frankreich, Dayton in den USA und Amagasaki in Japan. So arbeiten die Augsburger in Fabriken und Kontoren, Schulen, Werkstätten und Hotels, in Ateliers und Geschäften, am Stadtmarkt und bei den Verkehrsbetrieben. Und so feiern sie in deutschen und italienischen, in kroatischen und chinesischen Restaurants; so erholen sie sich am Kuhsee, am Lech und im Theater und suchen Sinn in Meditation und Gebet. Menschliches Leben, das in tief gegrabenen Furchen von Tradition, Sitte und Brauchtum fließt; Leben, das die Kraft besitzt, Überkommenes in Frage zu stellen, Neues zu schöpfen, ohne das Alte wegzuwerfen. Geschichte, die verpflichtet aber nicht belästigt.

Hier läßt sich's leben, weil Lech und Wertach, Zusam, Paar und Singold der Stadt und ihrem Umland immer wieder frische Wasser zuführen; weil Kuhsee und Friedberger Baggersee, Autobahn- und Rothsee, Siebentischwald und Lechauen ideale Naherholungsplätze bieten; weil der Ammersee und die nahen Alpen in kurzer Zeit erreichbar sind. Natürlich gibt es auch den berühmten D-Zug nach München. Er verkehrt in beiden Richtungen und Thomas Mann fand es während seiner Münchner Jahre als tröstlich, daß er Augsburg so schnell erreichen konnte, um die urbanere Luft der freien Reichsstadt zu atmen.

Hier läßt sich's leben: die vielfältig gestalteten Fassaden und Türme vermitteln 1000 Jahre europäischer Bau- und Kunstgeschichte; Musikpflege und Theater stehen auf hohem Niveau; Museen, Galerien, Bibliotheken und Ausstellungen können den grauesten Novembertag hell werden lassen; die Palette der Gastronomie reicht von der mittelalterlichen Welserkuchn über altdeutsche Klausen bis zur Pizzeria Italiana; Eishockey, Fußball, Fecht- und Kanusport werden aktiv und passiv sehr hohen Ansprüchen gerecht. Kurzum Augsburg ist als Arbeits- und als Wohnort gleichermaßen gefragt. Die Möglichkeiten für ein glückliches Leben sind gegeben.

Wie im Bild jeder großen und alten Stadt gibt es auch in dem Augsburgs weniger schöne, ja häßliche Züge: harte Betonklötze inmitten der Altstadt, isolierte Obdachlosenquartiere, Barackensiedlungen für Gastarbeiter, Wohnstraßen voller Lärm, Fabriken mit abstumpfender Fließbandarbeit. Von kleinen und großen Gaunern, von Taschendieben und Rowdies wird täglich im Lokalteil der Zeitung berichtet. Im Vergleich mit ähnlichen Städten schneidet aber die Lechstadt sehr gut ab. Atmosphäre und Tradition, die Einstellung seiner Bewohner und die Gunst äußerer Bedingungen machen Augsburg insgesamt zu einer liebenswerten Stadt.

Der Gründer,
Kaiser Augustus
vor dem Rathaus
Emperer Augustus,
the founder of Augs-
burg, in front of the
town hall.
Le fondateur,
l'Empereur Auguste
devant l'Hôtel de Ville

Der Rathausplatz
mit Augustusbrunnen
*The square infront of
the town hall witz the
Augustus Fountain
Place de l'Hôtel
de Ville et fontaine
d'Auguste*

Schwäbische
Blasmusik
*Swabian brass
musicians*
Orchestre souabe

Wem soll er die Blume
schenken?
Seine Liebste lebt in
Calabrien
*To whom shall he give
the flower now?*
*The lady of his heart
lives in Calabria/Italy*
*A qui doit-il offrir la
fleur?*
*Sa Bien-aimée vit en
Calabre*

Drehscheibe
Rathausplatz
The square in front
of the town hall.
La place de l' Hôtel
de Ville: plapue
tournante d'Augsbourg

»Bauernmarkt« mitten
in der Großstadt. Der
Schlacht- und Viehof
versorgt Stadt und
Umland
*The peasant's market
in the centre of the
city.*
*The slaughter house
supplies city and
suburbs with fresh
meat.*
*Le »Bauernmarkt« en
centre ville. Les
abattoirs
approvisionnent
Augsbourg et sa
région*

Gepflegte Gastlichkeit
im historischen
Ratskeller
*Delightful restaurant
atmosphere may be
found in the historic
»Ratskeller«.*
*Accueil chaleureux
dans le vieux
restaurant de l'Hôtel
de Ville*

Käuflereien und
Antiquitätenhändler
vermitteln Bilder aus
der Welt von gestern
*Thrift- and antique
shops reflect past
days.*
*Boutiques et
magasins d' antiquité
rappellent le passé*

Blick in den Damen-
hof des Fuggerhauses
mit toskanischen Säu-
len und Bogenbema-
lung von Hans Burgk-
mair, 1515
*View into »Damen-
hof«, the Ladies'
Yard, within the Fug-
ger House. It is
decorated with Tus-
can pillars and frescos
by Hans Burgkmair,
1515.*
*Vue sur la Cour des
Dames de la maison
Fugger, piliers tos-
cans et peinture de
voûte d'Hans Burgk-
mair (1515)*

Im Foyer der neuen
Kongreßhalle
*Foyer of the new con-
vention hall.*
*Hall du nouveau Pa-
lais des Congrès*

Romantik am Oberen
Graben
*Picturesque view near
the moat at Oberer
Graben.*
*Romantisme au Fossé
Supérieur*

Augsburgs Ruf als
Stadt des Eislaufes ist
wohl begründet. Im
Hintergrund das Wer-
tachbrucker Tor, 1605
Buntes Leben am Eis-
laufplatz
*Augsburg is well
known for its ice
skating.
In the background
Wertachbrucker Tor, a
fortification tower of
1605.
Colourful life at the
skating rink.
Réputation bien fon-
dée d'Augsbourg
pour le patinage!
Porte de Wertach-
bruck (1605) à
l'arrière plan.
Vie animée sur la
glace*

Freizeit am Königs-
platz
*Leisure time spent
near Königsplatz.*
*Détente sur la
Königsplatz*

Fußgängerzone mit
Koepf-Haus, 1578
*Pedestrian zone in
front of the Koepf
House, a patrician
house of 1578.
Zone piétonnière et
maison de Koepf
(1578)*

Taube am Herkules-
brunnen vor St. Ulrich
und Afra
*A pigeon at Hercules
Fountain. In the back-
ground the Minister of
St. Ulrich and Afra.
Pigeon de la fontaine
d' Hercule devant
Saint-Ulrich et Afra*

Geschichte ist gegenwärtig

Der Mensch will wissen, woher er kommt. Deswegen betreibt er Geschichte, deswegen fragt er nach den Ursprüngen und er spannt seinen Geist vom Heute zurück ins Gestern und voraus ins Morgen. Niemand will eine Eintagsfliege sein! Der Sinn historischen Fragens liegt nicht im Bewundern altgewordener Gestalten; dieser Sinn liegt im Gewinnen der Maßstäbe für die eigenen Möglichkeiten, für die eigenen Grenzen. Der Mensch vermag viel, aber er vermag nicht alles. Auch dies sagt ihm die Geschichte.

Augsburg fordert wie keine andere Stadt Mitteleuropas — Trier vielleicht ausgenommen — seine Besucher und Bewohner auf, in großen Dimensionen zu denken. Das tausendfältige Gewebe historischer Ereignisse liegt hier an vielen Plätzen zutage und fordert zu schöpferischem Nachdenken auf. Wenige Bilder sollen beschworen werden aus den viertausend Jahren Besiedlungsgeschichte dieses Raumes; Bilder die verdeutlichen, daß hier Entscheidungen fielen, die oft genug Bedeutung für ganz Europa erlangten.

An der Wende zwischen Antike und Mittelalter steht für Augsburg die Gestalt der Martyrin Afra. Römisch der ehrwürdige Sarkophag in der Krypta der Basilika. Im Jahre 304, so weiß es die Legende, wurde sie wegen ihres Glaubens zum Feuertod verurteilt. Das Castrum Vindelicum scheint demnach bereits die Keimzelle des neuen Glaubens in sich getragen zu haben, aus dem der mächtige Stamm der christlichen Kirche erwuchs. Mit den Afra-Legenden wurde der Name Augsburgs in alle Teile der mittelmeerisch-römischen Welt getragen. Seit vielen Jahrhunderten ziehen Wallfahrer an das Grab der Heiligen, die ursprünglich eine Dienerin der Göttin Venus gewesen sein soll.

Römische und christliche Welt begegnen sich in der St. Afra- und St. Ulrichsgruft. Welch ein Spannungsfeld der Geschichte: der schlichte Sarkophag Afras, gegenüber die barock-vergoldete Pracht des Bischofsgrabes. Beides integriert durch die Beter, die mit ihrem Glauben mühelos Jahrhunderte überbrücken.

In eine noch fernere Zeit holt uns das Wappen der römischen Legion, der Pinienzapfen, auch Pyr genannt. Vorderasiatischen Fruchtbarkeitskulten diente er als Symbol des Lebens. Offenbar war er auch das Feldzeichen der römischen Legion, die in Augusta

Vindelicorum stationiert war. Wiederholt begegnen wir diesem Sinnbild der Vitalität auf Grabdenkmälern der Römerzeit. Die mittelalterliche Stadt übernahm es in ihr Wappen. So will uns der Pyr auf dem Rathausgiebel sagen, daß Augsburg lebt, daß die Stadt den Zusammenhang mit ihrem Ursprung bewahrt hat.

Wo aber liegt dieser Ursprung wirklich? Längst bevor die Römer kamen, siedelten auf der durch den eiszeitlichen Lech gebildeten Hochterrasse Menschen. Wir wissen nicht, welchem Stamm jene Jäger und Sammler angehörten, die vor rund 5000 Jahren das Gebiet zwischen Wertach und Lech durchstreiften. Funde von steinernen Speer- und Bogenspitzen am Südrand der Stadt bezeugen ihren Aufenthalt. Über Jungsteinzeit und Bronzezeit bis in die Eisenzeit reißen nun die Funde von Waffen und Schmuck nicht ab, die uns die dauernde Besiedlung anzeigen. Grab-Beigaben ermöglichen es uns, den Totenkult jener frühen »Augsburger« nachzuzeichnen. Bei Kriegshaber — am westlichen Stadtrand gelegen — wurde das Grab eines Mannes freigelegt, der mitsamt einem Wagen von 2,60 m Länge beigesetzt worden war. Dies geschah im 7. Jahrhundert vor Christi Geburt. Die Grab-Beigaben aus jener Zeit — u. a. verziertes Goldblech und Bernstein — bezeugen, daß schon damals Handelsbeziehungen zur Ostsee und zum Mittelmeerraum bestanden.

Das erste Großvolk, dessen Namen uns für das Land zwischen Alpen und Donau, Rhein und Inn überliefert ist, waren die Kelten. Einer ihrer Stämme, die Vindeliker, erwanderten vom Mittelrhein aus um 450 vor Christi Geburt unser Gebiet. Die Namen Lech — von Lika, der Steinige — und Wertach — von Virdo, die Schnelle — sind keltischen Ursprungs. Aber nicht nur zahlreiche Flurnamen erinnern an die Kelten. Es gilt als sicher, daß ein Großteil dieses künstlerisch hoch begabten Volkes im Land blieb und sich mit den römischen Eroberern vermischte, die im Jahre 15 vor Christi Geburt bis an die Donau vorstießen. Dieser Kriegszug, unter Führung des Drusus und Tiberius — Stiefsöhne des Kaisers Augustus — führte zur Gründung der Augustus-Stadt im Land der Vindeliker, Augusta Vindelicorum, Augsburg. Das Gründungsjahr des befestigten Lagers am Wertach- und Lechzusammenfluß wird unterschiedlich datiert. In der Regel wird das Jahr 15 v. Chr. angegeben.

Ein wichtiger Grund für die rasche Entwicklung Augsburgs vom Militärlager zum Hauptort der rhätischen Provinz ist in der Anlage zweier wichtiger Straßenverbindungen zu sehen, die sich hier kreuzten. Die Via Claudia führte über Füssen, das Inntal und den Reschenpaß nach Verona, zum Po und weiter nach Rom. Die andere Straße verband Gallien mit den römischen Provinzen nördlich der Alpen bis hin zum Schwarzen Meer. Vor allem diesem Umstand ist es zu danken, daß Tacitus unser Augusta schon 98 nach Christus eine »überaus glänzende Stadt« nennen konnte. Handel, Wirtschaft und kulturelles Leben entfalteten sich rasch und schon unter Kaiser Hadrian (117—138) erhielt die Stadt Selbstverwaltungsrechte nach dem Vorbild Mailands. Dies bedeutete, daß militärische und zivile Gewalt getrennt wurden.

Für das Jahr 213 wird das erste Auftauchen alemannischer Krieger am Limes berichtet. Fünfzig Jahre später erobern diese bereits die nördlich der Donau gelegenen Gebiete, und um 400 beginnt der Abzug der Römer aus unserem Raum.

Vom Leben der ersten Christen in Augusta wissen wir wenig. Mit Sicherheit gab es unter den römischen Soldaten, Händlern und Sklaven bereits Bekenner des Glaubens an Jesus.

Sicher ist auch die Verehrung der Blutzeugin Afra seit dem 6. Jahrhundert. Die Legende berichtet das Jahr 304 als ihr Todesjahr. Erzählungen, die ihre wunderbare Bekehrung und ihr heldenhaftes Sterben schildern, haben dazu beigetragen, ihren Namen zu verewigen und den der Stadt im römischen Weltreich bekannt zu machen. »In der Stadt, von Wertach und Lech umströmt, werden die heiligen Gebeine der Martyrin Afra verehrt.« So berichtet 573 Venantius Fortunatus nach einem Besuch Augsburgs.

Auf dem Platz südlich des Domes finden wir ein weiteres sicheres Zeichen für das Erstarken des Christentums, nachdem 313 durch Kaiser Konstantin alle Verfolgungen verboten worden waren: die Überreste einer Taufanlage aus dem 4. Jhrhdt. unter der ehemaligen Johanneskirche. Man muß hinabsteigen in dieses Loch und dann hinaufschauen zu den Domtürmen, um den Atem der Geschichte zu verspüren. Aus dem Blut der Martyrer und aus den Wassern der Taufe bezog die junge Kirche ihre Kraft; jene Kirche, die über die Brückenbogen vieler Jahrhunderte hinweg den Menschen unserer Heimat die Botschaft vom Sinn des Lebens und Sterbens verkündet hat.

Wahrscheinlich wirkten seit dem 5. Jahrhundert Bischöfe in der Nähe jener frühchristlichen Taufstätte. Namen sind überliefert: Dionysius, Valentinus, Perewelf, Manno, Pricho, Marchmann. Legende und geschichtliche Überlieferung dringen nur mühsam vor zu einer gesicherten Aussage darüber, wie es damals in den Jahrhunderten nach dem Abzug der Römer auf dem Gebiet der Stadt Augsburg ausgesehen hat.

Schon die überlieferten Namen Dionysius und Valentinus, dann aber Perewelf, Manno, Pricho . . . deuten an, daß Bevölkerung und Herrschaft Augsburgs wechselten. Den Römern folgten die Alemannen. Nach den Goten und den Franken treten sie als dritter germanischer Stamm von politisch-gestalterischer Kraft in das Licht der Geschichte. Grabfunde lassen uns erkennen, daß die Landnahme lech- und wertachaufwärts etwa von 500 n. Chr. an erfolgte. Um die Mitte des Jahrhunderts ist bereits das Gebiet der heute deutschsprachigen Schweiz alemannisch. Die Ausdehnung nach Osten scheitert am Auftauchen der stammverwandten Bajuwaren, die das Voralpenland von Osten her bis zum Lech in Besitz nehmen. Augsburg wird zur Grenzstadt zwischen dem Alemannen- und dem Baiernland, die zunächst viel von der Bedeutung verliert, die sie unter den Römern besessen hatte. Aus einem Brief Papst Gregors III. (738) an die Bischöfe Alemanniens und Baierns wissen wir aber, daß Augsburg Ort einer gemeinsamen Bischofsversammlung der beiden Stämme war. Sechzig Jahre danach taucht in Salzburger Urkunden ein fränkischer Adeliger als Herzog des Augstgaues auf. Wahrscheinlich stand sein befestigter Hof an der Stelle des früheren Römerlagers. Ein Teil des Gebietes um Augsburg sowie der Stadt selbst wurde aber auch damals schon Bischof Sintpert zur Nutzung übergeben. Dieser war es auch, der an die Errichtung einer großen Kathedralkirche heranging und sie am 28. und 29. September 807 einweihte. Das Erscheinen des »Turamicheles« am Perlachturm erinnert bis auf den heutigen Tag an jenes große Ereignis. Zu einem politischen und kirchlichen Zentrum erster Ordnung wird Augsburg unter Bischof Ulrich (923—973). Unter seiner und König Otto I. Führung werden hier 955 die Ungarn entscheidend geschlagen. Von Augsburg aus zieht Otto einige Jahre später auf der Via Claudia nach Rom, um sich zum Kaiser krönen zu lassen. Mittelalterliche Beschreibungen schildern die großen Prozessionen, die an Feiertagen zwischen der St. Afrakirche, dem Perlachhügel und dem Dom stattfinden. Mit der Errichtung eines Frauenstiftes bei St. Stephan (969) erhält die Stadt ein neues Zentrum geistlich kulturellen Lebens.

Die Rechte, Münzen zu schlagen, Märkte abzuhalten und zu Gericht zu sitzen wurden dem Augsburger Bischof und Stadtherren vom Kaiser übertragen. Für Jahrhunderte wurde damals eine enge Bindung zwischen Augsburg und den deutschen Kaisern begründet. So förderte Kaiser Heinrich II. die Wiederherstellung des Stiftes St. Afra (1012) und verlieh ihm besondere Privilegien, so daß dieses Benediktinerkloster später oft zum Gegenspieler des Bischofs werden konnte.

Zwischen dem Dom und St. Afra entwickelte sich im Laufe des Mittelalters die Kaufleute- und Handwerkersiedlung, die schließlich zur Reichsstadt aufstieg. Im Stadtrecht von 1156 werden die Bewohner der Kaufleutesiedlung bereits als urbani, als Städter, bezeichnet und nicht mehr als suburbani, als Vorstädter. Diese Gemeinde der Städter tritt in der Folge immer stärker als eigene Rechtsgemeinschaft hervor und setzt der Macht des Bischofs, dem eigentlichen Stadtherren, Schranken. Hoftage und Italienzüge der Kaiser wurden während des ganzen Mittelalters in Augsburg vorbereitet. Dies vermittelte dem Handel und dem Handwerk starke Impulse. Judengrabsteine aus dem Jahr 1231 zeigen die Weiträumigkeit der Handelsbeziehungen an. Eine jüdische Gemeinde bereichert von da an durch die Jahrhunderte das religiöse, kulturelle und wirtschaftliche Leben der Stadt. Von Augsburg aus planen französische Dominikaner 1225 die Niederlassung ihres Ordens im Reich. Ihnen folgen sehr bald die Franziskaner und die Frauenzweige dieser beiden Orden.

Aus dem Jahre 1237 ist das älteste Stadtsiegel erhalten. Selbstbewußt sagt die lateinische Inschrift: »Siegel der Augsburger Bürger.« Stadtturm mit Glocke und Rathaus als weitere Sinnbilder städtischer Eigenmacht folgen. Bischof, Bürgerstadt und das Kloster St. Ulrich und Afra bestimmen fortan das Spannungsfeld Augsburgs. Um die Niederlassungen der Bettel- und Predigerorden entstehen Schulen, Spitäler und geistliche Bruderschaften, die die Atmosphäre der Stadt mitprägen. Stadterweiterungen um 1300 und 1350 vergrößern die Basis der Bürgerstadt (vor allem um die Jakobervorstadt). Nach der Zunftrevolution von 1368 erhalten die Zunftmeister neben den Geschlechtern (Patriziern) Anteil am Stadtregiment.

Zünfte und Geschlechter, Bischof und Reichsstadt, die Orden untereinander wetteiferten in der Darstellung ihrer Macht und ihres Kunstsinnes nach außen. Das gotische Rathaus wurde 1450 mit einem Wappenrelief geschmückt, auf dem der Satz zu lesen ist: Augusta Rhaetica urbs vere regia (Das Rhaetische Augsburg, eine wahrhaft königliche Stadt). Das Relief ist heute noch an der Ostfassade des Rathauses zu sehen. Die Grablege der Patrizier im Kreuzgang von St. Anna und die des hohen Klerus im Domkreuzgang vermitteln lebendige Eindrücke von der Stadt im Übergang von der Gotik zur Renaissance. Weit über 100 Türme sind auf Darstellungen Augsburgs aus jener Zeit zu zählen. Und doch stand Augsburg erst am Beginn seines Aufstiegs zu einer der führenden Handelsstädte Europas, ja der Welt. Drei Familien vor allem symbolisieren das »goldene Zeitalter« der Renaissancestadt: die Fugger, die Welser und die Paumgartner. Stiegen die Fugger, aus dem Weberhandwerk kommend, über den Tuch- und Leinwandhandel zu einem der führenden Bankhäuser Europas auf, so entstammten die Welser einem alten Patriziergeschlecht, während die Paumgartner dem Adel angehörten. Konkurrenz und Kooperation dieser drei großen Handelsgesellschaften bestimmen für lange Zeit Wohl und Wehe der Stadt und des Reiches mit. Von Augsburger Kontoren aus wurden die Warenströme zwischen den Hansestädten und den Häfen des Mittelmeeres, zwischen Brügge und Nowgorod gelenkt; hier wurde der Preis für Tiroler Silber und ungarisches Kupfer, für Seide aus China und Gewürze aus Indien festgesetzt. Die Fugger finanzierten 1505 die Gründung der päpstlichen Schweizer Garde und ermöglichten 1519 die Wahl Karl V. zum Kaiser. Anrechte auf den Haller Salzhandel, auf spanische und niederländische Kroneinkünfte waren der Lohn. Als 1522 eines der Schiffe des Magelhaes von der Erdumseglung zurückkehrte, übernahm ein Faktor der Welser in Sevilla die Gewürz- und Edelsteinladung für den europäischen Handel. Zu gleicher Zeit überließ Erzherzog Ferdinand von Österreich dem Augsburger Hans Höchstetter die Quecksilber- und Zinnausbeutung seiner Krainer Bergwerke; ein anderer Augsburger Kaufmann, Andreas Grander, erhielt vom letzten Hochmeister des Deutschordens das Monopol für den Bernsteinhandel zugesprochen. Neben »Venedigs Macht« stand ebenbürtig »Augsburger Pracht« als Sinnbild weltweiter Geltung.

Die innere Qualität jener Kaufleute wird uns am gültigsten durch die Stiftung der ersten Sozial-Wohnsiedlung, der Fuggerei, vor Augen geführt. Hier sollten »Gott zum Lobe und Dank« arme, alte Augsburger Bürger billige Unterkunft finden. 1516 wurden die ersten Häuser bezogen, die aus Dreizimmerwohnungen mit Küche bestehen. Wie zur Gründerzeit beträgt die Jahresmiete heute noch einen rheinischen Gulden (= 1,72 DM). Der gleiche Betrag ist von jeder Familie an den Pfarrer der Fuggerei zu entrichten. Das tägliche Gebet für die verstorbenen Angehörigen der Familie Fugger bildet eine weitere Verpflichtung der Bewohner der idyllischen Stadt in der Stadt.

Der Aufstieg der Lechstadt zum »Pompeji der deutschen Renaissance« vollzog sich auf der Basis kaufmännischer Erfolge, handwerklichen Könnens und der Gunst politischer Umstände, vor allem der engen Bindungen an das Haus Habsburg und die universale Kirche. Bevor die Sterne der Stadt zu verblassen begannen, schuf sich Augsburg das strahlende Symbol seines Selbstverständnisses, das neue Rathaus. Von einem seiner begabtesten Künstler, dem »Stadtwerkmeister« Elias Holl, zwischen 1615 und 1620 erbaut, verbindet dieser Bau die Nüchternheit und Kraft des europäischen Nordens mit dem Schönheitssinn Italiens.

Bis in den 30jährigen Krieg hinein dauerte die Blütezeit an. Doch dann wurde auch Augsburg in den inneren und äußeren Niedergang Europas verstrickt. Die Zahlungen der Stadt und des Bischofs an die Kriegsparteien, Streitigkeiten zwischen den Konfessionen, der Zusammenbruch einiger großer Handelsgesellschaften, die Besetzung durch den Schwedenkönig Gustav Adolf (1632—1635), wiederholte Belagerungen, Hungersnöte und Krankheiten dezimierten die Bevölkerung und ließen die wirtschaftliche Kraft versiegen. Nur ein schwacher Glanz blieb zurück. Heute noch nennen die Spanier einen steinreichen Mann »fucar«, die Ungarn einen Geizhals »fukar« und die Südtiroler sagen von einem der hart arbeitet, er »fuggert«.

Der Wiederaufstieg Augsburgs nach dem 30jährigen Krieg vollzog sich im Zeichen beharrlichen Gewerbefleißes und soliden Wirtschaftens. Augsburger

Barchent, dann Kattun, Augsburger Gold- und Silberschmiedeerzeugnisse begannen ihre früheren Märkte zurückzugewinnen; Zinngießer, Maler, Kupferstecher und Uhrmacher folgten. Buchdruckereien und Schulen vermittelten dem geistigen Leben wichtige Antriebe. Im spanischen Erbfolgekrieg geriet die Stadt zwischen die kaiserlich-habsburgischen und bayerisch-französischen Fronten (1703/04) und erlitt empfindliche Rückschläge. Die »Augsburger Pracht« war dahin, trotzdem gelang im Zeitalter von Barock und Rokoko die Ausbildung des »Augsburger Geschmacks«, wovon die Deutsche Barockgalerie der Stadt lebendiges Zeugnis gibt.

Am 4. März 1806 wurde auf Anweisung Napoleon I. die Reichsstadt Augsburg König Max I. von Bayern übergeben. Unter der forschen Hand Montgelas wurden die so unterschiedlich gewachsenen Teile der Stadt, Bischofsstadt, Reichsabtei und Bürgerstadt zur Einheit zusammengefügt und gegen den Willen der Bewohner dem bayerischen Staat einverleibt. Aber ein Jahrtausend eigener Geschichte läßt sich nicht auslöschen. Die Augsburger wurden bayerische Staatsbürger; Reichsstädter mit eigenem Selbstbewußtsein und eigenem Stolz sind sie immer geblieben und Schwaben dazu.

Sehr lange hielt man sich mit der Trauer um die verlorene Reichsfreiheit nicht auf. Der Wegfall der Zollschranken am Lech eröffnete neue Möglichkeiten, ja wurde zu einer wesentlichen Voraussetzung für den Aufstieg Augsburgs zur Industriestadt. Trotzdem dauerte es bis 1870, bis Augsburg die Bevölkerungszahl von 1618 (Beginn des 30jährigen Krieges) wieder erreicht hatte. Bis 1910 verdoppelte sich die Zahl der Einwohner sehr rasch auf 100 000. Schon 1860 hatte der bayerische König Augsburg als Festung aufgehoben, so daß dem Wachstum der Stadt über Mauern und Wälle hinaus wenig im Wege stand.

Ein Datum, das den Namen der Stadt in die Geschichtsbücher brachte, war der 24. August 1866. Im Hotel »Drei Mohren« hielt der Deutsche Bundestag seine letzte Sitzung. Das Einholen der schwarz-rot-goldenen Fahne beschloß ein Kapitel deutscher und europäischer Geschichte auf fatale Weise. Österreich schied als Widerpart Preußens unter den deutschen Ländern aus, und Bayern hatte der Bismarckschen Politik wenig entgegenzusetzen. Der Bismarckturm bei Steppach erinnert daran, daß der »Eiserne Kanzler« auch hierzulande seine Verehrer hatte.

Die furchtbaren Einschnitte der beiden Weltkriege werden durch zahlreiche Gedenktafeln in Kirchen und öffentlichen Gebäuden im Bewußtsein der Nachlebenden erhalten, jede einzelne eine Aufforderung, den Frieden zu wirken. Bomben und Brände reißen gegen Ende des 2. Weltkrieges grausame Wunden ins Gesicht der geliebten Stadt. Das Rathaus mit seinem weltberühmten »Goldenen Saal« war nur noch eine ausgebrannte Ruine.

Inzwischen sind die Wunden vernarbt; die Stadt erstand aus den Trümmern. In mehreren Schüben dehnte und streckte sie sich ins Umland, zuletzt so selbstbewußte Gemeinden wie Göggingen, Inningen und Bergheim in sich aufnehmend. Aber Augsburg bewahrte sein Gesicht, seine Tradition und seine Geschichte. Veranstaltungen und Ausstellungen zur 700-Jahrfeier des Stadtrechtes (1976) bewiesen aufs neue Vitalität und Selbstbewußtsein der alten Stadt.

Maximilianstraße und
Ulrichsmünster vom
Perlachturm aus
*Maximilianstreet and
the Minster of St.
Ulrich and Afra as
seen from Perlach
Tower.
La Maximilianstraße et
l'église Saint-Ulrich
vues de la Tour
Perlach*

Römischer Pferdekopf aus dem 3. Jahrhundert. Dieser Torso eines Reiterstandbildes wurde bei Ausgrabungsarbeiten im Bett der Wertach gefunden.
Romanesque head of a horse, 3rd century. This torso of an equestrian monument was found in the bed of the river Wertach during excavations.
Tête de cheval romaine du IIIe siècle. Fragment d'une statue de cavalier découvert lors de fouilles dans le lit du Wertach

Das Römische
Museum in der ehe-
maligen Dominikaner-
kirche, 1513/1716.
Rechts vorn ein römi-
sches Turmgrabmal
aus dem 2. Jh.
*The Roman Museum,
located in a former
Dominican church,
1513/1716. In the
foreground a Roman
tombstone, 2nd cen-
tury.*
*Musée romain dans
l'ancienne Eglise des
Dominicains Devant à
droite, pierre tombale
romaine (IIe siècle)*

Die Grundmauern der
Johanneskirche, um
950, mit romanischem
Taufbecken Ruine der
St. Godehardkapelle
aus dem 9. Jh., bei
St. Ulrich
*The foundation walls
of the St. John's
Church, of about
950 A.D. with a Ro-
man baptizing stone.
The ruins of the St.
Godehard Chapel, 9th
century, near the Min-
ster of St. Ulrich.
Fondements de
l'église Saint-Jean
(vers 950) et fonds
baptismaux romains.
Ruine de la chapelle
Saint-Godehard (IXe
siècle) près de Saint-
Ulrich*

Am Jüdischen Friedhof
At the Jewish cemetery.
Au cimetière israélite

Bastion
Lueg-ins-Land
Wehrgang an der
Vogelmauer
Bastion Lueginsland.
Sentry walk at Vogel-
mauer.
Bastion de Luegins-
land Chemin de ronde
au mur »Vogelmauer«

Der Fünfgratturm, 1454
Fünfgrat Tower, 1454
La tour dite »Fünfgratturm« (1454)

Wassertürme beim
Heilig-Geist-Spital
und Rotes Tor. Stadt-
mauer am Vogeltor
*Water towers near
Heilig-Geist-Spital
and Rotes Tor.
City wall near Vogel-
tor.*
*Châteaux d' eau près
de l'Hopîtal du Saint-
Esprit et tour de la
»Porte Rouge«*
*Rempart à la Porte
»Vogeltor«*

Jakoberkirche und
Jakobertor, 1450
*St. Jacob's Church
and Jacob Tower,
1450.*
*Eglise et Porte Saint-
Jacques (1450)*

Kinderspielplatz am
Wertachbruckertor,
1605
Der »schtoinerne Ma«
an der Schweden-
stiege
*»Schtoinerne Ma«, a
legendary figure of
stone at Schweden-
mauer.*
*Terrain de jeux des
enfants à la Porte
»Wertachbruckertor«
(1605)
Le »schtoinerne Ma«
sur l'escalier suédois*

Ehemalige Wehrtürme
am Unteren Graben
*Former fortification
towers at Unterer
Graben.*
*Anciennes tours de
garde au Fossé
Inférieur*

St. Margareth
(1521/1720) und das
Heilig-Geist-Spital
*Church of
St. Margaret,
1521/1720, and the
Heilig-Geist-Spital, an
old people's home.
Sainte-Marguerite
(1521/1720) et
l'Hôpital du Saint
Esprit*

Rast nach einem
arbeitsreichen Leben
in der Fuggerei der
ältesten Sozialsied-
lung der Welt, 1519
von Jakob Fugger ge-
gründet.
*Leisure time after a
life of hard work is
guaranteed at Fug-
gerei, the oldest
social settlement in
the world, founded by
Jakob Fugger in 1519.*
*Retraite, après une
vie de labeur, dans la
Fuggerei, la plus
vieille cité ouvrière du
monde fondée en
1519 par Jakob
Fugger*

Nächtliche City mit
Perlachturm
*The city and Perlach
Tower at night.*
*Augsbourg la nuit et
Tour Perlach*

Westfassade des
Elias-Holl-Rathauses,
1620 mit Reichsadler
und Zirbelnuß
*The west side of the
town hall, built by
Elias Holl in 1620,
decorated with eagle
and pine cone.
Hôtel de Ville d'Elias
Holl (1620) — eôté
quest avec l'aigle
impérial et la pomme
de pin*

Das Turamichele
»The little St. Michael
of the Tower«.
Le Turamichele

Kinder warten auf das
Erscheinen des
Turamichele
The children are wai-
ting for the appe-
arance of the little
St. Michael of the
Tower.
Enfants attendant
l'apparition de Tura-
michele

Der »Neue Bau«, Rat-
hausplatz 1614 von
Elias Holl und
Matthias Kager erbaut
*The »New Building«,
constructed in 1614
by Elias Holl and
Matthias Kager.
La »Nouvelle con-
struction«, place de
l'Hôtel de Ville,
édifiée en 1614 par
Elias Holl et Matthias
Kager*

Ostfassade des
Rathauses
*Rear side of the town
hall, facing east.*
*Hôtel de Ville — côté
est*

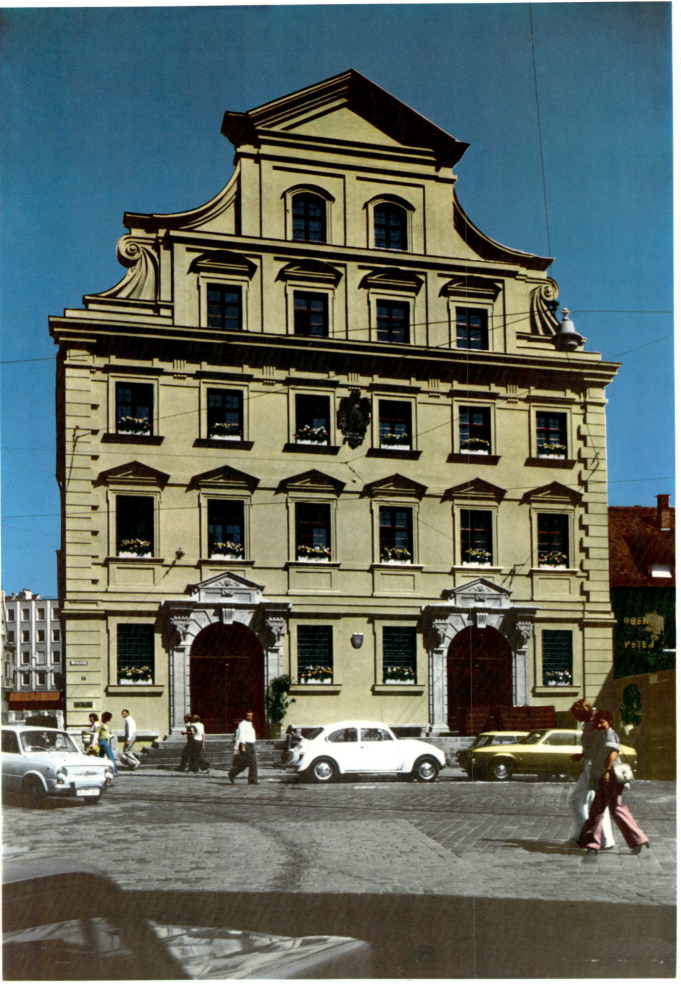

Die Stadtmetzg von
Elias Holl, 1609
»Stadtmetzg«, the
guild house of the
butchers, built by
Elias Holl, 1609
Le »Stadtmetzg«
(Maison des Bou-
chers) d'Elias Holl
(1609)

Haus in der Jakober-
Vorstadt
House in a suburb.
Maison dans le
Faubourg Saint-
Jacques

Das Schaezler-Palais
von Lespilliez er-
richtet
*Schaezler Palais, built
by Lespilliez
Palais Schaezler érigé
par Lespilliez*

Rokoko-Festsaal im
Schaezler-Palais
Banqueting Hall in
Rococo style, in the
Schaezler Palais
Salle des Fêtes roco-
co du Palais
Schaezler

Die »Himmelsleiter«,
Patrizierhaus in der
Maximilianstraße,
1769
*The Ladder to Hea-
ven*, *a patrician
house of 1769, on
Maximilianstreet*
L'»échelle de Jacob«:
*Demeure patricienne
dans la Maximilian-
straße (1769)*

Brunnen im Innenhof
der Maximilianstr. 81
mit Neptun und einem
Bild der schönen Ga-
lathee, 1700
*A fountain in the inner
yard of 81, Maximili-
anstreet, with a statue
of Neptun and a pic-
ture of beautiful Gala-
thee, 1700.*
*Dans la cour
intérieure du numéro
81 de la Maximilian-
straße, fontaine de
Neptune et tableau de
la belle Galathée*
(1700)

Bürgerhäuser in der Maximilianstraße, Rathaus, Perlach und Dom
Houses on Maximilianstreet, town hall, Perlach Tower and cathedral.
Maisons bourgeoises dans la Maximilianstraße, Hôtel de Villa et Cathédrale

Augusta Sacra

Für Rom und Jerusalem, für Mekka und Benares stellt sich das Attribut »heilig« wie von selbst ein. Augsburg verbindet das gängige Klischee eher mit Industrie und Gewerbefleiß, mit den Fuggern, mit MAN und dem Dieselmotor. Und doch: Wer sich ein wenig umtut in Gegenwart und Geschichte der Stadt, stößt auf vielfältige Zeugnisse religiöser Ursprünglichkeit. Die »Augsburger Pracht« scheint ins Überirdische erhöht, wenn am Fronleichnamstag die große Prozession vom Dom, am Rathaus und den hohen Fassaden der Bürgerhäuser, Geschäfte und Banken vorbei, hinaufzieht vor St. Ulrich und Afra, um im Gegenzug zurückzukehren. »Prangertag« nennt man das Fest jenseits des Lechs im Bairischen. Die ganze Sinnenfreude katholisch-barocker Frömmigkeit entfaltet sich auf den Festsälen der Plätze und Straßen der Stadtmitte. Orden und Bruderschaften mit Fahnen, Statuen und Bildern, Schulen, Studentenverbindungen, weißgekleidete Mädchen, Frauen in goldstrotzenden Trachten, italienische, spanische und kroatische Gastarbeitergruppen, amerikanische Soldaten, die unbefangen ihre Lieder singen, vereinigen sich zum Gotteslob.

Der gleiche Prozessionsweg erlebt in der Oktav des Ulrichsfestes die Pilgerzüge zum Grab des heiligen Bischofs, dessen Andenken in weiten Teilen Süddeutschlands, Österreichs und der Schweiz so lebendig geblieben ist, daß es den Tausenden ein Bedürfnis ist, an seinem Sarg in der Gruft zu beten. Sie empfangen den Segen mit jenem kostbaren Kreuz, das der Bischof vor 1000 Jahren am Tag der Ungarnschlacht trug.
Aus der Krypta von St. Ulrich heraufsteigend geht der Blick hinauf zum Auferstehungsaltar der Basilika. Jesus tritt in tänzerischer Leichtigkeit auf die Betrachter zu. Mit souveräner Könnerschaft wurden die frühbarocken Seitenaltäre und der Hochaltar in den gotischen Raum komponiert. Hans Degler aus Weilheim schuf das dreiteilige Werk in den Jahren 1604—1607.
Als Wallfahrts- und Abteikirche erbaut, dient das Gotteshaus heute der Pfarrgemeinde. Immer wieder aber wird es Schauplatz bewegender Manifestationen des Glaubens, so wenn sich im Jahr des »großen Ulrichslobs« 1973 aus Anlaß des 1000. Todestages Christen aller Bekenntnisse, Kirchenführer und Wissenschaftler aus vielen Ländern der Welt trafen, um die Spuren

des Augsburger Patrons zu deuten. Man sieht es dieser Basilika an, daß sich Kaiser in den Konvent ihrer Mönche aufnehmen ließen und sie der Papst zu besonderem Rang erhob. Von der Stadt herkommend nicht zu übersehen ist die evangelische Kirche St. Ulrich. Sie bildet mit dem Reichsgotteshaus eine bauliche Einheit. Hier hat die »Augsburger Parität« Gestalt angenommen. Seit 1710 erklingt in dem spätgotischen Predigtsaal das Gotteslob nach der Weise des evangelisch-lutherischen Bekenntnisses. Ähnlich gut nachbarlich sind die beiden Kirchen von Heilig Kreuz aufeinander bezogen. Augsburg feiert den 8. August »Friedensfest« zur Erinnerung an das Ende des 30jährigen Krieges (1648) und an den Religionsfrieden von 1555, der — hier geschlossen — ein schiedlich-friedliches Verhältnis der auseinanderfallenden Teile der Christenheit zum Ziel hatte. Entschiedener als anderswo arbeiten Theologen und Laien in Augsburg daran, daß aus der Parität die Einheit der Christen werde. Hat doch hier in Augsburg von der äußeren Domkanzel aus Kardinal Nikolaus von Cues zur Einheit »aller Söhne Abrahams« (Juden, Christen und Moslem) aufgerufen. Soviel Kühnheit konnte freilich bis heute keine Wurzeln schlagen. Es gibt keinen Streit mehr darüber, ob Augsburg eine katholische oder eine evangelische Stadt sei. Zahlenmäßig überwiegen die Katholiken. An Bedeutung über Ort und Bistum hinaus ist Augsburg für die evangelische Christenheit ein weltweiter Begriff. In der Confessio Augustana, dem Augsburger Bekenntnis von 1530 überreichten die lutherischen Reichsstände Karl V. ihr Lehrbekenntnis, das über Jahrhunderte verbindlich geblieben ist. Martin Luther selbst hatte 12 Jahre vorher (1518) im Fuggerhaus mit dem päpstlichen Legaten Kardinal Cajetan um die richtige Auslegung der Lehre Christi gerungen. Eine Tafel an der evangelischen Hauptkirche St. Anna erinnert an die denkwürdige Begegnung. Die Karmelitermönche von St. Anna bekannten sich damals zu Luther, ebenso Gelehrte und viel »gemeines Volk«, da der Mönch aus Wittenberg leidenschaftlich gegen den Ablaßhandel und gegen das »räuberisch Zinsnehmen« auftrat. Jakob Fugger konnte solche Predigt nicht gefallen, da er im Auftrag des Papstes die Ablaßgelder verwaltete und das Zinsnehmen entgegen der mittelalterlichen Lehre der Kirche längst zur Voraussetzung für die Entwicklung des Fernhandels und des Gewerbes geworden war. »Suevia Sacra« lautete der Titel einer Ausstellung aus Anlaß des Ulrichsjahres 1973. Sie machte augenfällig, was Augsburg seit 1000 und mehr Jahren für Kirche und Reich bedeutet. Kultgerät, Paramente und Christusdarstellungen von der Frühzeit bis zur Gegenwart wiederspiegeln die Ausstrahlung jener alemannischen Zentren, aus denen das Abendland erwuchs: St. Gallen, Chur, Wessobrunn, Konstanz und — immer wieder — Augsburg. Vor dem dunklen Hintergrund stürmischer Zeit leuchten die fünf Prophetenfenster des Augsburger Domes auf: Daniel, Hoseas, König David, Jonas, Moses. »Zeige Herr Dein Antlitz über Deinem Heiligtum«, lesen wir auf der Schriftleiste des Propheten Daniel. Durch 800 Jahre wurde der Psalm wahr, wirkten die gottergriffenen Männer als Bibel für die Armen, die nicht lesen und schreiben konnten, die aber durch die Sprache der Bilder zum großen Gastmahl eingeladen wurden. Reste der Domausmalung, im besonderen der riesenhafte Christophorus im Westteil vermitteln uns eine Vorstellung von der Bildfreude damaligen Glaubens.
Am Bronzeportal aus dem 11. Jahrhundert bewundern wir dieselbe Dichte der Glaubensaussage. Der

Löwe aus dem Stamme Juda, Schlangen am Paradiesbaum, die Kirche als futterstreuende Frau, mythische Gestalten des Heidentums... Längst wissen wir nicht alles, was jener begnadete Künstler aussagen wollte. Eines aber ist sicher: er wollte seinem Glauben Ausdruck geben. Wer vor diesen Figuren meditiert, wird zu jener sinnstiftenden Mitte geführt, die Augsburg so reich gemacht hat. St. Zeno in Verona weist ein ähnliches Portal auf. Unmeßbar sind die Wirkungen, die von den Prophetenfenstern und vom Bronzerelief des Domportals ausgegangen sind; diese Kunstwerke halfen mit, den Namen Augusta Sacra zu begründen. Heilige Bücher, Heiligenleben, erlesene Bildwerke mit Statuen in Gold, Elfenbein und Silber in Domschatz, Kathedrale, Museen sind aufzuzählen, die Kreuzgänge der Klöster nicht zu vergessen. Für sie alle mögen Bronzeportal und Prophetenfenster stehen als sinnlich faßbare Signale für den Unfaßbaren. Alles Irdische ist nur ein Gleichnis.

Augsburg als heilige Stadt, wo und wie wird sie erfahren? Im Chorgebet der Benediktiner von St. Stephan, im Sternkloster am Elias-Holl-Platz bei der »ewigen Anbetung«, in St. Anna bei einer Predigt oder bei der Sabbathfeier der jüdischen Gemeinde, in der russisch-orthodoxen Liturgie im St. Gallus-Kirchlein, wenn türkische Gastarbeiter im Seitenschiff der Kathedrale ihren Teppich auslegen, um Allah anzurufen? Überall da und auch in den Gebetssälen der zahlreichen Sekten wird Augusta sacra konkret. Die Frage nach dem, was hinter dem Sterben kommt, bewegt uns Heutige ähnlich wie jenen vor-keltischen Bauer aus dem Umland, der sich einen gut gerüsteten Wagen ins Grab mitgeben ließ. Wie ihm so mag auch uns die Hoffnung bewegen, daß das Leben zu kostbar ist, um in der Niederlage des Todes zu enden.

Heiliges, unheiliges Augsburg. Jede Stadt ist Jerusalem und Babylon zugleich. Der Blick in die Tageszeitung belehrt uns: hier wird betrogen, gestohlen und gesündigt wie in anderen Städten auch. Die Nähe von Heiligtümern garantiert noch nicht einen hohen moralischen Standard. Es scheint aber so zu sein, daß sich die Augsburger gern an die beständige Gefährdung durch das Böse erinnern lassen. Am Zeughaus ließen sie von dem Bronzegießer Hans Reichle den Erzengel Michael mit gezücktem Schwert darstellen wie er gerade den Luzifer besiegt. Dem gleichen Thema gilt der uralte Brauch des »Turamichele« am Perlachturm. Vor St. Jakob in der Vorstadt ersticht St. Georg den Drachen und auch der Zeussohn Herkules ist auf einem der Prachtbrunnen der Maximilianstraße dabei, mit seiner gewaltigen Keule ein Untier, das der Tiefe entstieg, zu erschlagen. Eine Terrakottafigur aus dem 12. Jhdt. in St. Peter am Perlach, die den thronenden Christus darstellt, kann als Ausdruck für den Sieg des Lichtes über das Dunkel gelten. Im Zentrum der Stadt stehend spricht die Gestalt unmittelbar zum Besucher der romanischen Kirche. Und fasziniert fragen viele nach dem Sinn des Altarbildes von St. Peter am Perlach, das Maria als »Knotenlöserin« zeigt. Eine Schnur mit schier unlösbaren Knoten gleitet durch die Hände der hohen Frau und alle Knoten lösen sich unter ihrem geschicktem Zugriff. Die Textilstadt Augsburg verbeugt sich so vor der »Helferin der Betrübten«. Ihr ist ja auch der Dom geweiht. Und Hausheilige stehen schutzverheißend über vielen Türen von Altstadthäusern.

Prozession mit dem
St. Ulrichschrein
*A procession with the
shrine of St. Ulrich.
Procession avec le
coffret contenant les
reliques de Saint
Ulrich*

Barocke Grabkapelle
Bischof Ulrichs in der
Krypta des Ulrichs-
münsters
*Funeral chapel of
St. Ulrich in the crypt
of the minster.
Chapelle funéraire ba-
roque de l'Evêque Ul-
rich dans la crypte de
l'église Saint-Ulrich*

Sarkophag der heiligen Afra (304) in der Krypta des Ulrichsmünsters
Sarcophagus of St. Afra, 304 A.C., in the crypt of the Minster of St. Ulrich
Sarcophage de Saint-Afra (304) dans la crypte de l'église Saint-Ulrich

Schmiedeeisernes
Barockgitter in
St. Ulrich und Afra,
1712
*Wrought-iron gate,
Baroque style, 1712,
St. Ulrich and Afra.
Grille baroque en fer
forgé de l'église
Saint-Ulrich et Afra
(1712)*

Weihnachten. Hochal-
tar in St. Ulrich und
Afra von Hans Degler,
1604
*Christmas. Central
altar of St. Ulrich and
Afra by Hans Degler,
1604.*
*Maître-autel d'Hans
Degler (1604) en
l'église Saint-Ulrich et
Afra en période de
Noël*

Die Türme von katholisch und evangelisch
Heilig Kreuz
The towers of Catholic and Protestant Heilig Kreuz
Tours des églises catholique et évangélique de la Sainte-Croix

Innenhof des Kreuz-
ganges bei St. Anna,
das »Lutherhöfle«
Putte in der Fuggerka-
pelle von Sebastian
Loscher
*Inner yard of the cloi-
ster of St. Ann
»Luther's Yard«
Little angel, Fugger
Chapel, by Sebastian
Loscher*
*Cour intérieure du
cloître de Sainte-
Anne, la »Luther-
höfle« Angelot de Se-
bastian Loscher dans
la chapelle des
Fugger*

St. Anna, Hauptschiff,
Blick zur Fuggerka-
pelle, 1518
St. Ann's Church,
main nave toward
Fugger Chapel, 1518
Sainte-Anne — nef
principale. Vue sur la
chapelle des Fugger
(1518)

Ostchor von St. Anna
In der Goldschmieds-
kapelle (1420)
*East choir of
St. Ann's Church
The Goldschmid
Chapel, 1420*
*Sainte-Anne — choeur
oriental
Chapelle des
Orfêvres (1420)*

Suevia Sacra, Wesso-
brunner Kreuz um
1250
Suevia Sacra, the
Wessobrunn Crucifix,
about 1250
Suevia Sacra: Croix
Wessobrunn
(vers 1250)

Gotische Plastik des heiligen Ulrich
Sculpture of Saint Ulrich, Gothic style
Sculpture gothique de Saint-Ulrich

Domtür mit Bronze-
relief aus dem
11. Jahrhundert
*Cathedral door with
bronze reliefs, 11th
century.*
*Reliefs de la porte de
bronze (du XIe siècle)
de la Cathedrale*

Der Hohe Dom,
923/1431
The cathedral,
923/1431
La Cathédrale
(923—1431)

Drei der fünf
Prophetenfenster des
Augsburger Domes.
Sie gelten als die
ältesten Buntglas-
fenster der Welt und
wurden Ende des
11. Jahrhunderts von
einem schwäbischen
Meister geschaffen

*Three of the five win-
dows in the cathedral
featuring prophets.
They are said to be
the oldest stained-
glass windows in the
world. They were
created by a Swabian
artist in the 11th
century.*

*Trois des cinq vitraux
de la Cathédrale
d' Augsbourg;
réputés pour être les
plus vieux du monde,
ils furent réalisés fin
du XIe siècle par un
artiste souabe*

Gotisches Seitenschiff
des Domes
*Side nave in the
cathedral, Gothic
style.*
*Bas-côté gothique de
la Cathedrale*

Domkreuzgang mit
Grablegen
*Cloisters with tomb
stones, cathedral*
*Cloitre de la cathé-
drale et dalles
tombales*

Kloster Maria Stern
mit dem ältesten
Zwiebelturm, 1574
*The monastery of
»Maria Stern« with
one of the earliest
onion roofs.*
*Cloître Maria Stern et
le plus vieux clocher
à bulbe d'Augsbourg
(1574)*

Säule und Stuck-
decke in der ehe-
maligen Dominikaner-
kirche, heute
Römisches Museum,
1513/1716
*Pillar and plaster
ceiling in the Roman
Museum, a former
church of the Black
Friars*
*Pilier et plafond en
stuc de l'ancienne
e'glise dominicaine,
aujourd'hui Musée
Romain (1513/1716)*

Christkind von Jörg
Petel in der Barfüßer-
kirche, 1632
*Christ child by Jörg
Petel, Barfüßerkirche,
1632*
*Enfant Jésus de Jörg
Petel en l'église des
Cordeliers (1632)*

Die St. Moritzkirche,
1299/1535, und
Barockfassaden von
Bürgerhäusern
*The Church of
St. Maurice,
1299/1535. In the
background facades
of burgher houses,
Baroque style.
Eglise Saint-Maurice
(1299 — 1535) et
Maisons bourgeoises
á façades baroques*

»Stadtluft macht frei«

Neben dem Bund und den Ländern werden die Gemeinden die »dritte Ebene« unserer politischen Ordnung bezeichnet. Die Gemeinden wählen ihre »Parlamente«, ihre Bürger- oder Oberbürgermeister. Vor allem haben sie das Recht, bestimmte Steuern einzuheben und zahlreiche Aufgaben in eigener Verantwortung zu lösen. Die Kommunen werden als die »Grund-Schulen« der Politik bezeichnet; in ihnen hat der Politiker noch vor Augen, worüber er verhandelt. Auch kann der Bürger »vor Ort« beurteilen und konkret erfahren, welche Folgen politische Entscheidungen haben; hier kann er durch Teilnahme an der öffentlichen Debatte und durch Bürgerinitiativen erkennbaren Einfluß auf die Politik in »seiner« Stadt nehmen. Der freie Platz vor dem Augsburger Rathaus ist die Frucht einer spontanen Bürgerinitiative, die über Nacht den vom Stadtrat bereits gebilligten Bebauungsplan vom Tisch wischte. Damit wurde der stolze Platz Sinnbild eines gesteigerten Bürgerbewußtseins, wie es nur in langer Tradition aufgebaut werden kann.

Die Augsburger legen Wert darauf, durch Jahrhunderte freie Reichsstädter gewesen zu sein, keine Herzogsstäd-
ter wie die Münchner oder Bischofsstädter wie die Eichstätter. Der doppelköpfige Reichsadler am West- und Ostgiebel des Rathauses sollte es allen kund tun: wir beugen uns dem Kaiser, aber nicht dem Bischof und erst recht nicht dem bayerischen Herzog, er mag uns mit Friedberg noch so nah auf den Leib rücken. In jedem Augsburger Geschichtsbuch wird Wert auf die Feststellung gelegt, daß die Urbs schon unter den Römern eine zivile Selbstverwaltung hatte und nicht nur Militärlager war.

Im Stadtrecht von 1156, einem der ältesten Europas, wird bereits klar zwischen dem Bischof und den Städtern (urbani) unterschieden. Zuwanderer aus dem Umland, die einen Hof in der Stadt ein Jahr und einen Tag besaßen, waren von den Ansprüchen ihrer Grundherren befreit. So entstand der Satz: »Stadtluft macht frei«. Zugleich wurde damit eine gewisse berufliche Beweglichkeit möglich, ohne die der rasche Aufstieg Augsburgs zur Metropole des Fernhandels gar nicht denkbar gewesen wäre. Könige und Kaiser — Konrad II., Friedrich Barbarossa, Rudolf von Habsburg, Maximilian I., Karl V. — bewährten sich als Freunde der Stadt. Sie wußten, daß sie sich auf die Unterstützung der Augsburger verlassen konnten. Diese verstanden es geschickt, ihre Rechte und Freiheiten auszubauen. Ein eigenes Stadtsiegel (1237) deutet einen weiteren Schritt zur Emanzipation von der Herrschaft des Bischofs an. In der Reichssteuermatrikel jener Jahre tauchen Augsburger Bürgerschaft und Augsburger Juden bereits als unmittelbare Steuerzahlende des Reichs auf.

Im Stadtbuch von 1273 lesen wir, daß Augsburg als eine der ersten deutschen Städte mit der geistlichen Herrschaft auch die lateinische Amtssprache abgeschüttelt hat. In mittelhochdeutscher Sprache werden die Freiheiten und Gerechtsame der Bürger niedergeschrieben und von Rudolf I. 1276 bestätigt. Eine Vorrangstellung der Kaufleute, die »von lande ze lande« Waren umschlagen, gegenüber den »antwaercken« (Handwerken), ist bereits zu erkennen. Daraus entwickelt sich das jahrhundertelange Ringen um das Stadtregiment zwischen den Zünften und den Geschlechtern. Zu der Spannung zwischen Bischofsstadt und Reichsstadt kommt die zwischen den Handwerkern und Kramern auf der einen und den Kaufleuten und den Geschlechtern auf der anderen Seite. Auf die Bewohner des Umlandes übte die Stadt eine große Anziehungskraft aus. Innerhalb ihrer Mauern war man vor Dieben und Raubrittern aber auch vor der Willkür der Grundherren sicher. Durch die Erteilung des Bürgerrechts wurde der Zuwanderer in die Rechtsgemeinschaft einer Zunft aufgenommen. Dies bedeutete auch Schutz vor äußerster wirtschaftlicher Not, da die Zunftgenossen füreinander einzustehen hatten und die Zunftkasse eine Art Sozialversicherung darstellte. Augsburg gewann im Laufe des 13. und 14. Jahrhunderts eine immer größere Bedeutung als Gewerbezentrum. Neben Bäckern, Schmieden, Zimmerleuten und Müllern tauchen Weber, Kürschner, Sattler, Schwertfeger und Plattner auf. Das Gewicht der Handwerker gegenüber den Kaufleuten und Patriziern gewinnt an Bedeutung.

Als 1368 der Rat der Stadt ohne Befragung der Handwerker eine Fehdehilfszusage macht, kommt es zur Augsburger Zunftrevolution. In der Stadtchronik heißt es: »... da kom ain groz folk gewappent uff den Pernlaich und sprachen, sie wöllten ain zunft haben...« (»... da kam eine große bewaffnete Volksmenge auf den Perlach und sprach, sie wollten eine Zunft haben...«). Damit war gemeint, daß die Stadt den Zünften die Selbstverwaltung ihrer eigenen Angelegenheiten zugesteht, ferner, daß die Zünfte am Rat der Stadt und an der Stadtregierung beteiligt werden. Von den 44 Mitgliedern des Rates sollten 29 von den Zünften und 15 von den Kaufleuten und Geschlechtern gewählt werden. Je ein Stadtpfleger wurde fortan von den Zünften und von den Geschlechtern bestellt. Die Schlüssel der Stadttore und des Perlachturms, Stadtsiegel und Stadtbuch mußte den Vertretern der Zünfte übergeben werden.

Einig waren sich alle Augsburger gegen die Versuche der bayerischen Herzöge, Macht über die Stadt zu gewinnen. Ein beständiger Anlaß zum Streit, ja zum offenen Krieg (1372), war das Zollhaus Friedberg-Hochzoll. Der oberbayerische Statthalter drehte die Zollschranke willkürlich auf und zu, wodurch insbesonders der Augsburger Salzhandel immer wieder geschädigt wurde. Die bayerische Trutzstadt Friedberg wurde Ende 1372 erobert, geplündert und niedergebrannt. Daß der Bayernherzog den Augsburgern mit gleicher Münze heimzahlte, versteht sich von selbst. In den folgenden Jahren schlossen sich die Reichsstädte zu Bünden zusammen, um der wachsenden Macht der Landesherren widerstehen zu können. Augsburg trat

1379 dem schwäbischen Städtebund unter der Führung Ulms bei. Da sich der Bischof auf die Seite der Fürsten stellte, kam es wieder und wieder zu Händeln zwischen den Augsburger Eidgenossen und den Bischofsstädtern. Von Bischof Burckart von Ellerbach heißt es in der Stadtchronik: »...er war ein rechter Bösewicht, meineidig, treulos und ehrlos...« Kein Wunder, daß in der Folge die Augsburger Bischöfe Dillingen zum »schwäbischen Rom« ausbauten und vielfach dort residierten.

Geduldig-zäh nach rechter Schwaben-art festigten die Augsburger ihre Stellung im Spiel der politischen Kräfte. Als Grundelement ist das Bündnis mit der obersten Reichsgewalt erkennbar. So gibt König Sigismund der Stadt (1426) das Privileg, daß der Land- und Stadtvogt von Augsburg nur auf Vorschlag der Bürger bestellt werden darf. Das alte Stadtwappen von 1450 — heute noch an der Ostfassade des Rathauses zu sehen — wiederspiegelt das Selbstbewußtsein der Stadt, die als »urbs vere regia«, als »wahrhaft königliche Stadt« bezeichnet wird. Damit war nicht nur auf die Schönheit Augsburgs Bezug genommen, sondern auch darauf, daß es keine bischöfliche oder gar herzogliche Stadt sei.

Friedrich Heer beschreibt den politischen Aufstieg Augsburgs zur freien Reichsstadt so: »Sehr auf seine Weise, gemessen, maßvoll, auf Ausgleich der gegensätzlichen Interessen bedacht, spiegeln Augsburgs Kämpfe mit seinen Bischöfen, mit den bayerischen Herzögen, mit geistlichen und weltlichen Herren und Herrschaften und dann seine inneren Auseinandersetzungen zwischen Patriziern, Großkaufleuten und seinem Niedervolk »armer Weber« und kleiner Zunftgenossen die großen Kämpfe, in denen die... Städte nach außen und innen jene Freiheitsräume geschaffen haben,

die der Bürger Alteuropas braucht, um auf seine Weise leben zu können: frei durch ein tätiges Leben, selbständig... durch sein Wagnis der Fernfahrt und des Fernhandels, sicher in einer Zeit äußerster Unsicherheit durch sein Bündnis mit Arbeitsgenossen, durch die Mauern, die Wehrkraft, die Politik seiner Stadt«. Aus dem Friedens- und Freiheitsraum der Stadt, die sie als ihre ureigene empfinden, brechen die Welser und die Fugger, die Paumgartner und die Hoechstetter und viele andere Unternehmer in die sich öffnende Welt der Neuzeit auf.

Einen Höhepunkt Augsburger Bürgerbewußtseins stellt der Brief Jakob Fuggers an Kaiser Karl V. dar: »Es ist auch wissentlich und liegt am Tage, daß Eure Majestät die Römische Krone ohne mich nicht hätten erlangen mögen.« In den Handelskontoren der Augsburger Kaufleute wurde damals über Länder und Kronen mitentschieden. Der Kaiser stand mit 2 Millionen, König Ferdinand mit 600 000 Gulden beim Fuggerschen Haus in der Kreide. Die Stadtgemeinde kann sich im 16. Jahrhundert an Reichtum und Einfluß mit den Großstädten Europas messen; ihre Einwohnerzahl beträgt damals rund 45 000.

Einen schwerwiegenden Eingriff in die politische Verfassung Augsburgs nahm 1548 Karl V. vor. Vor allem wegen der Mehrheitsentscheidung des Rats zugunsten der Lehre Martin Luthers und der Teilnahme am Schmalkaldischen Krieg hob der Kaiser das Zunftregiment auf. Bürgermeister, Rat und Gericht wurden entlassen, der Kleine Rat von 68 auf 41 Mitglieder verringert und fast paritätisch — 20 Katholiken, 21 Protestanten — besetzt. Die Rolle der sieben Gemeindevertreter im Rat schrumpfte zur Bedeutungslosigkeit gegenüber den 31 Sitzen der Geschlechter. Auch der Große Rat aus 300 Mitgliedern wurde auf Weisung des Kaisers so zusammengesetzt, daß die breite Schicht der Handwerker und Kramer kaum noch auf wichtige Entscheidungen einwirken konnte. Auch die Kultur der eigenen Zunfthäuser ging damit zu Ende. Mehrere Reichstage, die Karl V. nach Augsburg berief, konnten der Stadt jenes vitale Selbstbewußtsein nicht zurückgeben, das sie für ein Jahrhundert aus der Identifikation aller Schichten mit ihr gewonnen hatte.

Mit dem Niedergang reichsstädtischer Freiheiten sank auch der Stern des Kaisers und der Reichsgewalt. Kurz nachdem in Augsburg (1555) der Religionsfriede verkündet worden war, dankte Karl V. ab. Die religiösen Auseinandersetzungen, die schließlich in den 30jährigen Krieg einmündeten, und die Folgen dieses Krieges führten die Zeit der absoluten Fürstenmacht herauf. Augsburg erlebte zwar nach den furchtbaren Jahrzehnten des Krieges (1618—1648) einen gewissen Wohlstand in der Zeit des Barock und Rokoko, an die politische Bedeutung seiner hohen Zeit konnte es aber nicht anknüpfen. Der Gang der Dinge wurde nun in den Residenzstädten der absoluten Herrscher — München, Wien, Berlin, Dresden — entschieden.

Der Reichsdeputationshauptschluß von 1803 ließ Augsburg mit Hamburg, Bremen, Lübeck, Frankfurt und Nürnberg als Freie Reichsstadt bestehen. Es zeigte sich aber, daß die finanziellen Lasten der staatlichen Eigenständigkeit kaum zu tragen waren. Nur mit Hilfe eines großzügigen Kredits dreier jüdischer Bankhäuser gelang es, die Ablösegelder an Frankreich und an das Bistum aufzubringen. Da brach 1805 der österreichisch-französische Krieg aus. Die Stadt erklärte sich neutral. Trotzdem wurde sie von den Truppen Napoleons besetzt. Der Korse kam dreimal in die Stadt, der er eine proösterreichische Haltung vorwarf. Seine Entscheidung, Augsburg dem neuen bayerischen Königreich einzuverlei-

ben, war nicht mehr aufzuhalten. Am 4. März 1806 erfolgt die feierliche Inbesitznahme im Namen König Max I. Die Erinnerung an dieses Ereignis grub sich tief ins Bewußtsein der Augsburger ein. Zu oft hatte die Stadt ihren Eigenstand gegen bayerische Herzöge verteidigt, zu tief verband sich mit Bauten und Einrichtungen die Erinnerung an den Rang Augsburgs im Reich. St. Ulrich und Afra nennt man heute noch ein Reichsgotteshaus. Stadtgericht und Stadtpflegeramt, der Kleine und Große Rat der Stadt, die großen Kaufmannsfamilien, die Weber, Metzger und Schwertfeger mit ihren stolzen Zunfthäuser und Zeichen. Welche Stadt sonst im Herzen Europas weist eine so ausgeprägte eigene, lange, lange Geschichte auf? Kelten, Römer, Alemannen und die vielen Völkersplitter, die an Lech und Wertach heimisch wurden bis zu den vielen tausend deutschen Heimatvertriebenen nach dem 2. Weltkrieg. Eigenartig: die meisten von ihnen sagten schon nach wenigen Jahren mit einem gewissen Stolz, daß sie Augsburger sind. Niemand, der in dieser Stadt wohnt, kann sich der Ausstrahlung ihrer politischen Kultur und ihrer langen Geschichte entziehen. Diese Stadt fordert auch heute noch ihre Bürger auf, Freiheiten und Rechte zu wahren, sich politisch zu engagieren.

Adler von
Hans Reichle (1606),
jetzt in der Stadt-
metzg
Eagle, by
Hans Reichle, 1606,
now located in »Stadt-
metzg«
Aigle de Hans Reichle
(1606) aujourd'hui
dans le Stadtmetzg

Geruhsamer
Nachmittag . . .
Peaceful afternoon . . .
Calme après-midi . . .

Mittelportal der ehe-
maligen Residenz der
Bischöfe, heute Sitz
der Regierung von
Schwaben
*Central door of the
former bishops'
residence. Today this
building houses the
Government of
Swabia.*
*Portail central de
l'ancien Palais épis-
copal, aujourd'hui
siège du Gouvern-
ment souabe.*

Flanieren in der Fuß-
gängerzone,
St. Annastraße
Sitzung des Stadt-
rates im wiederauf-
gebauten Rathaus
Strolling along the
pedestrian zone on
Annastraße.
Meeting of City Coun-
cil in the rebuilt town
hall.
Flaneurs dans la
Annastraße, la zone
piétonnière
Séance du Conseil
Municipal dans l'Hôtel
de Ville reconstruit

Aufgang zum Rathaus
von Norden
*Entrance to the town
hall, north side.
Escalier menant à
l'Hôtel de Ville*

Sommerliche
Maximilianstraße
*Maximilianstreet in
summer*
*La Maximilianstraße
en été*

. . . und am Abend
. . . *and evenings*
. . . *et le soir*

Winterszene am
Jakoberwall
Christkindelsmarkt auf
dem Rathausplatz
*Winter scene at
Jakoberwall.*
*The Christmas Market
an the square in front
of the town hall*
*Scène hivernale au
mur Saint-Jacques
Marche de Noël sur la
place de l'Hôtel de
Ville*

Familienidyll, Kahn-
fahrt am Oblatterwall
Sommerabend im
Stadtgarten
*Family scene: Boating
at Oblatterwall
A summer evening in
one of the city's parks
Idylle familiale —
promenade en bateau
à l'Oblatterwall*

Kongreßhalle mit
Hotelturm
*Convention Hall with
hotel tower*
*Palais des Congrès et
Hotelturm*

Handel, Handwerk und Industrie

An einer der belebtesten Stellen der Stadt, vor St. Moritz, bildet der Merkurbrunnen den Drehpunkt des Verkehrs. Der römische Gott des Handels — von Adriaen de Vries geschaffen (1599) — beansprucht den Platz inmitten Augsburgs zurecht. Ein Blick auf das Straßennetz der Römer zeigt, daß der Augusta Vindelicorum eine zentrale Aufgabe als Umschlagplatz zwischen Norden und Süden, Osten und Westen zugedacht war. Auf dem Grabmal eines römischen Kaufmanns aus dem 2. Jahrhundert (Römisches Museum) sehen wir das Verschnüren eines Wollballens, der von hier nach Rom oder in ein anderes Zentrum des Imperiums verschickt wurde. Bernstein von der Ostseeküste, Gewürze aus dem Morgenland, Salz aus Hallein, Erze, Tuche, Waffen und Lebensmittel aller Art wurden hier umgeladen und zu Warenzügen neu zusammengestellt; zum Teil waren hier die Bedürfnisse der römischen Garnisonen nördlich der Alpen zu befriedigen. Ausgrabungen belegen, daß in Augsburg große Versorgungslager für die Truppen angelegt worden waren, die die Nordgrenze des Imperiums zu schützen hatten.
Eine Meilenscheibe — 1629 »zu Augspurg getruckt bey Johann-Ulrich Schönigk« — stellt die Fuggerstadt in den Mittelpunkt der Welt; sie nennt die Straßen und Meilen nach Genua, Rom, Madrid, Paris, London, Amsterdam, Krakau, Wien und anderen Weltstädten, mit denen die Augsburger Handel trieben. »Der Leser möge diese Anweisung mit Nutzen gebrauchen« wünscht der Autor allen Fuhrleuten und Reisenden.
Dieses Zeugnis städtischen Selbstbewußtseins ist nur denkbar, weil Augsburg das Mittelalter hindurch zu einer Drehscheibe des europäischen Personen- und Warenverkehrs geworden war. In der Wirtschaftsgeschichte gilt es als eine der Geburtsstätten des modernen Fernhandels. Die durch die Römer vorgespurten Wege über die Alpenpässe, durch Sümpfe und entlang der Flußläufe dienten den mittelalterlichen Kaisern für ihre Italien- und Kreuzzüge. Häufig wurde Augsburg zum Ausgangspunkt dieser Unternehmungen gewählt. Bewegende Reichstage und glanzvolle Turniere spielten sich an Wertach und Lech ab. Im Troß mächtiger Heere ließ es sich sicher reisen. Die Ausstattung und Versorgung der Soldaten mit Waffen, Bekleidung und Lebensmitteln brachte den

Handwerkern, Händlern und Bauern von Stadt und Umgebung wertvolle Aufträge.

Den Durchbruch zu einem Handelsplatz erster Ordnung verdankt Augsburg seinen großen Kaufmannsfamilien: den Rems, den Gossenbrots, den Grandern, schließlich — alle an Bedeutung übertreffend — den Fuggern und den Welsern. Typisch für die Phantasie, den Mut und die Klugheit, die jenen Aufstieg ermöglichten, mag das Vorgehen Hans Rems gewesen sein, das sein Urenkel so beschreibt: »... mein Ahnherr verkaufte im 1357. Jahr alles, was er hatte; das machte alles in allem bei 500 Gulden. Damit fing er an zu handeln. An der ersten Reise nach Venedig verlor er etwas 100 Gulden. Den Rest von 400 Gulden legte er in Waren an und fuhr wieder hin und also hin und her. Gott gab Gnade und großes Glück und Gewinn.«

Innerhalb weniger Jahrzehnte stieg Hans Rem zu einem führenden Vertreter der schwäbischen Wirtschaft auf. Er erwarb Schloß Bocksberg, Laugna, Brückenzollrechte in Augsburg und Münzrechte in Tirol. Genauso gut hätte Rem scheitern können; ein Los, das gewiß vielen zufiel, deren Namen kein Buch berichtet. Wichtig ist es aber, die Mentalität der Leute kennenzulernen, die alles auf eine Karte setzten (»er verkaufte alles, was er hatte«), gewannen, und damit die Grundlagen für Augsburgs goldenes Zeitalter schufen. Risikobereitschaft, verbunden mit klugem Abwägen, einem immensen Fleiß und zäher Beharrlichkeit kennzeichnen den Mann, der zur Symbolfigur der Handelsstadt Augsburg geworden und bis auf den heutigen Tag geblieben ist, Jakob Fugger. Man könnte ihn auch den Begründer einer gesamteuropäisch konzipierten Montanwirtschaft nennen. Zielbewußt organisierte er die Erzproduktion und den Erzhandel der Habsburgischen Länder Ungarn, Tirol

und Böhmen. In den Fugger-Betrieben wurden schließlich Kanonen und Ziegel genauso hergestellt wie Barchent und Bier. Die Finanzierung des Abwehrkampfes des Reichs gegen die Türken, der Handel um die Stimmen der Kurfürsten bei der Wahl Kaiser Karl V., fürstliche Heiraten, das Münzwesen der Kirche und vieles mehr wurden Jakob Fugger anvertraut. Kein Wunder, daß er bald den Beinamen »der Reiche« erhielt, und sich schon zu Lebzeiten zahlreiche Legenden um ihn rankten. Die Begründung der Fuggerei zeigt, wie stark der fortschrittliche Handelsherr dem mittelalterlichen Wohltätigkeitsdenken verhaftet blieb. Bei aller Weltläufigkeit dachte er nicht daran, das Zentrum seiner globalen Handelsmacht von Augsburg wegzuverlegen; er blieb ein Bürger seiner Vaterstadt und lehrte Fürsten den Respekt vor der Lebensform des Bürgers, die — durch Traditionen gefestigt — dennoch den Mut zum bahnbrechend Neuen vermittelte.

Jakob Fugger an schöpferischer Kraft und Ausstrahlung kaum nachstehend, prägte Bartholomäus Welser (1484 bis 1561) das Bild der Augsburger Kaufleute. Seine Unternehmungen griffen wegweisend in den Welthandel ein. In Lissabon, Antwerpen, Madrid und Santo Domingo unterhielt die Welsergesellschaft ihre Kontore. Durch kühne Indien- und Südamerikafahrten errang sie eine dominierende Stellung im Gewürz-, Rohrzucker- und Edelmetallhandel. Auf dem Gebiet des heutigen Venezuela übten die Welser von 1528 bis 1556 Hoheitsrechte aus. Als gar ein Sohn Kaiser Ferdinands I. die Welsertochter Philippine heiratete, schien die Weltgeltung des Augsburger Handelshauses ein für allemal gesichert.

Viele Gründe trugen dazu bei, daß Welser und Fugger und mit ihnen Augsburg gegen Ende des 16. Jahrhunderts die bedeutende Rolle im

Welthandel wieder verloren: die absoluten Fürsten gewannen an Macht gegenüber den Reichsstädten und dem Kaiser; die Auseinandersetzungen um den »neuen Glauben« lähmten wertvolle Kräfte; die Zentren des Welthandels verlagerten sich infolge der Entdeckung Amerikas in die Hafenstädte Westeuropas. Selbst der Glanz Venedigs begann zu verblassen. Trotzdem wäre es falsch, jener großen Zeit Augsburger Welthandelsgeltung nachzutrauern, die durch die Namen der Kaiser Maximilian I. und Karl V. sowie der beiden Handelsherren Jakob Fugger und Bartholomäus Welser symbolisiert wird. Das Handwerk überstand die Krisenzeit (1556—1584), in der 70 Augsburger Handelshäuser zusammenbrachen, ohne wesentliche Einbußen. Allein die Weberzunft zählte 1601 fast 3000 Meister mit 3600 Webstühlen. Die Nachfrage nach Augsburger Barchent nahm auf den großen Handelsmessen beständig zu; 1612 wurden 431 000 Stück Tuch (rund 7 Millionen Meter) zur »Beschau« aufs Weberhaus bei St. Moritz gebracht. Zur gleichen Zeit arbeiteten am Ort 200 Goldschmiedemeister, deren Erzeugnisse in der ganzen Welt berühmt waren. Insgesamt sind kurz vor dem 30jährigen Krieg 6500 Meister in die Bücher der verschiedenen Augsburger Zünfte eingetragen, darunter Salzfertiger, Papiermacher, Kupferstecher, Plattner, Zinngießer, Rubinschneider, Maler, Glockengießer, Müller, Uhrmacher und Wachszieher. Die Steuer und Musterungsbücher belegen, daß die Stadt bis in die Anfangsjahre des großen Krieges (1618—1648) über starke Wachstumskräfte aus der Schicht der Handwerker, Künstler und kleinen Kaufleute verfügte. Die Einwohnerzahl wird für 1618 auf 45 000 geschätzt (wie Hamburg und Nürnberg). Bis 1648 sinkt die Zahl der Einwohner auf weniger als die Hälfte, die der Betriebe auf ein Drittel.

Die belebenden Impulse für Augsburgs Wirtschaft gingen nach dem Einbruch des Krieges vom Textilgewerbe sowie von den Gold- und Silberschmieden aus. Auch Kupferstecher, Drucker und Uhrmacher gewannen zunehmend an wirtschaftlicher Bedeutung. 1689 begründen die Brüder Neuhofer die erste Kattundruckerei auf deutschem Boden. Augsburg gewann so den Anschluß an das heraufkommende Zeitalter der Manufakturen und schließlich der Industrie.

Von größer Bedeutung erwiesen sich dabei das Wasser der Lechkanäle als Energiequelle, die günstigen Verkehrswege und die überlieferten Handelsbeziehungen in alle Teile der Welt. Ein weiterer mindestens so wichtiger Faktor war das durch Jahrhunderte tradierte handwerkliche Können einer breiten, städtisch gebildeten Mittelschicht. Nur so ist es erklärlich, daß sich in Augsburg Ende des 18. Jahrhunderts eine Reihe von Manufakturen — Großbetriebe mit arbeitsteiliger Handarbeit — entwickeln konnten. Die Stunde gehörte damals noch den absoluten Fürstenstaaten und dem Merkantilsystem, das den konzentrierten Einsatz der staatlichen Finanzmacht ermöglichte. Wenn sich Augsburg trotzdem behauptete, ist dies neben den schon genannten Umständen der Tatkraft einer Reihe von Unternehmern zu danken. Zu nennen ist vor allem Johann Heinrich Schüle, der 1770 vor dem Roten Tor eine neue Kattundruckerei im Stil eines Barockschlosses errichtete. Bereits 1781 zählte der Betrieb 356 Beschäftigte. Kurz darauf führte der Tuchverleger Heinle die erste Spinnmaschine ein.

Wie überall verursachte der Übergang von der Hand- zur maschinellen Produktion starke soziale Spannungen. Viele Handwerker konnten mit den Preisen der Manufakturen und Fabriken nicht konkurrieren. Ein Teil von ihnen fand als Facharbeiter in den Fabriken Arbeit, andere konnten sich auf neue Produktionszweige umstellen, wieder andere wanderten aus. Und doch blieb das Handwerk über alle Veränderungen der Industriellen Revolution hinweg ein wichtiger Faktor im wirtschaftlichen und gesellschaftlichen Leben Augsburgs.

Das bedeutende Ansehen, das Augsburg heute als Industriestadt genießt, verdankt es Gründungen des 19. Jahrhunderts. So entstand das Stammhaus der Maschinenfabrik Augsburg-Nürnberg (M.A.N.) bereits 1840. Im gleichen Jahr wurde die Eisenbahnstrecke München—Augsburg vollendet. 1842 wurde die Handelskammer Augsburg begründet, die für die Entwicklung des schwäbischen Wirtschaftsraumes eine zentrale Rolle spielte. Einer der Pioniere des Deutschen Zollvereins und des Eisenbahnbaues, Friedrich List, lebte damals als Mitarbeiter der »Allgemeinen Zeitung« mehrere Jahre in Augsburg. Zur gleichen Zeit wurde bei Hochzoll die erste Eisenbahnbrücke Bayerns errichtet. Die Georg-Haindlsche Papierfabrik entstand; weitere Betriebe der Textilindustrie (Stadtbachspinnerei und Baumwollfeinspinnerei) wurden begründet. 1873 baute die Augsburger Maschinenfabrik die erste deutschen Rotationsdruckmaschine. Das Zeitalter des Motors brach endgültig an, als Rudolf Diesel — Sohn eines Augsburgers — 1897 seine langjährigen Versuche erfolgreich abschließen konnte. Ohne die weitblikkende Unterstützung des Direktors der Maschinenfabrik Heinrich Buz wäre der Erfolg Diesels kaum denkbar. Pionierleistungen im Bereich der Luftfahrtindustrie verbinden sich ebenfalls mit dem Namen unserer Stadt. In den Riedinger-Werkstätten wurden 1906 das erste Parseval-Lenkluftschiff und 1931 Piccards Stratosphärenballon entwickelt. Prof. Willi Messerschmitt konstruierte und baute hier das erste Düsen-Jagdflugzeug der Welt.

Sinn all dieser Daten ist es, Belege dafür zu geben, daß die Augsburger die glanzvolle Vergangenheit ihrer Stadt bejahen, ja stolz darauf sind, dabei aber immer das Gespür für das zukunftweisend Neue behielten. So wurde die alte Stadt in ihrem Kern bewahrt und dennoch die Wachstumsimpulse aus neuen Erfindungen und Entwicklungen aufgenommen. Zur Textilindustrie kam die Papierfabrikation, zum Maschinen- der Flugzeugbau, schließlich die Elektro-Industrie. Beharrlichkeit und Flexibilität, solides Wirtschaften und risikobereites Wagen, nüchternes Planen und schöpferische Spontaneität werden dem Schwaben immer wieder bescheinigt. Solche Eigenschaften waren es, die den Wiederaufstieg aus den Trümmern des 2. Weltkrieges ermöglichten. Die gelungene soziale Integration von vielen Tausend Vertriebenen und Flüchtlingen setzte sich für die Stadt in neue Vitalität und schöpferischen Elan um. Handel und Handwerk, Industrie und Wirtschaft Augsburgs werden auch die heraufkommenden Fragen der Zukunft nüchtern und einfallsreich zu lösen versuchen.

Merkurbrunnen vor
dem Weberhaus,
Adriaen de Vries 1599
*The Mercury Fountain
in front of Weberhaus,
by Adriaen de Vries,
1599*
*Fontaine de Mercure
d'Adriaen de Vries
(1599) devant la
maison Weber*

Denkmal Hans Jakob
Fuggers vor dem
Maximilianmuseum
*A statue of Hans
Jakob Fugger, in front
of Maximilian
Museum.*
Monument de Hans
Jakob Fugger devant
le Musée Maximilian

Jakob Fugger der
Reiche, von Albrecht
Dürer gemalt . . .
*Jacob Fugger, the
Rich, painted by
Albrecht Dürer . . .*
Jakob Fugger le
Riche peint par
Albrecht Dürer . . .

Ehemaliges
Welserhaus
The Welserhaus.
La maison de Welser

Fassade des Kathan-
hauses mit Fresken
aus der 1. Hälfte des
18. Jahrhunderts
Facade od the Kathan
House with frescos of
the first half of the
18th century.
Maison de Kathan
ornée de fresques
(1ére moitié du XVIIIe
siède)

Gignoux-Palais am
Vorderen Lech
Der Rocaille-Stuck
wird den Brüdern
Feichtmayr zuge-
schrieben
*Palais Gignoux at
Vorderer Lech.
The Rocaille works
are said to have been
created by the Feicht-
mayr brothers.
Palais Gignoux au
Lech antérieur*

Mühlenrad am
Vogeltor
*Roue de Moulin à la
Porte »Vogeltor«*
Mill wheel at Vogeltor

Romantische Szene
an einem Lechkanal
*Picturesque scene at
one of the Lech
canals*
*Romantisme au bord
d'un canal du Lech*

Die alten Färbertürme,
an denen die Tuche
zum Trocknen aufge-
hängt wurden
*The ancient Färber
Towers, where the
woven material was
hung for drying after
the dying process*
*Les vieilles tours des
teinturiers où
séchaient autrefois les
pièves de toile*

Das Zunfthaus der
Weber im Zentrum
der Stadt, 1389. Nach
der Zerstörung, 1944,
wieder errichtet
Augsburg blieb bis
zur Gegenwart eine
führende Textilstadt
*The guild house of
the weavers of 1389.
The house was des-
troyed in 1944 but
reconstructed after
the original plans.
Today Augsburg is
still one of the leading
textile cities.
Le siège de
corporation des
Weber en centre ville
(1389) — Reconstruit
après les destructions
de 1944.
Augsbourg est de nos
jours encore une ville
textile renommée*

Bei St. Margareth

Schmiedeeisernes
Wappen vom Tor der
Schüle'schen Kattun-
fabrik, 1772 heute am
Tor zum Fronhof
Coat-of-arms in iron,
originally on the door
of the Schüle Cotton
Factory, 1772. Today
it can be seen on the
gate leading into
Fronhof.
Armoiries en fer forgé
du portail de l'usine
de cotonnades Schüle
(1772) aujourd'hui au
portail du Fronhof

Eisengießerei
bei MAN
Iron foundry at the
MAN machine factory
Fonderie de M. A. N.

Messerschmitt,
ME 109
*Messerschmitt,
ME 109*
*Messerschmitt,
ME 109*

Vielfalt der Künste und Wissenschaften

Zahlreiche Beinamen deuten den Rang der Kunststadt Augsburg an. Als Mozart-, Holl-, Holbein- oder Brecht-stadt wird Augsburg immer wieder apostrophiert. Die Reihe läßt sich um wichtige Sparten des Kunsthandwerks vermehren. Gold- und Silberschmiede, Zinngießer, Wachszieher und Buch-drucker machten die Lechstadt zu einem Vorort ihrer Kunst. Die reichen Kaufmannsfamilien, Kaiser, Bischöfe, Orden und die Stadt selbst wetteifer-ten als Mäzene bedeutender Künstler. Kein Wunder, daß die Ausstellungen der Städtischen Kunstsammlungen über Bayern und Deutschland hinaus Beachtung finden. Römisches Mu-seum, Maximilianmuseum, Deutsche Barockgalerie und Graphische Samm-lung widerspiegeln die Kunstge-schichte Europas an erlesenen Bei-spielen. Der bronzene Pferdekopf aus dem 2. Jahrhundert, römische Stein-sarkophage, germanische Fibeln, ro-manische Glasfenster, Meisterwerke der Augsburger Maler Hans Holbein d. Ä., Hans Burgkmairs und der Bild-hauer Georg Petel und Hans Reichle bedürfen keiner Laudatio; sie spre-chen für sich.
Im Dom bewundern täglich Besucher aus nah und fern die vier von Holbein d. Ä. gemalten Altartafeln. Unaus-schöpfbar ist der künstlerische Reich-tum dieser Kathedrale, die in ihrer Baugestalt der Romanik verpflichtet geblieben ist. Der Ostchor Peter Par-lers läßt die Exaltiertheit der Gotik nur ahnen. Welch ein Kontrast zum »Herr im Elend« von Meister Petel! Jede Epoche versuchte ihr bestes, das erste Gotteshaus der Diözese zu schmücken. So entstand der Dom als das Werk vieler Generationen. Würdig fügt sich selbst die moderne Kreuzdar-stellung mit den 12 Aposteln dem gan-zen ein.
Die Basilika St. Ulrich und Afra steht dem Dom an künstlerischer Bedeu-tung kaum nach. Am Südende der Maximilianstraße liegt das mächtige Kirchenschiff vor Anker. Der Turm, go-tisch emporgetrieben mit einer »Augs-burger Haube« abgeschlossen, be-stimmt die Silhouette der Altstadt. Vom »vielkunstreichen« Meister Burkhard Engelberg als letzter großer Sakralbau der Gotik 1474—1500 errichtet, wurde diese Kirche der Reichsabtei zu einem Schlüsselbauwerk der Architekturge-schichte. Die beherrschende Kreuzi-gungsgruppe Hans Reichles, die herr-lichen Altäre Johann Deglers, die Terrakottastatuen des Florentiners

Carlo Pallago, die kunstreichen, schmiedeeisernen Gitter und hundert andere Kostbarkeiten machen sichtbar, was mit »Augsburger Pracht« gemeint ist. Das Haus St. Ulrich, am Ort des ehemaligen Benediktinerklosters 1973 bis 1975 errichtet, setzt Maßstäbe für das spannungsreiche Nebeneinander alter und moderner Bauten. Basilika und Erwachsenenbildungsstätte symbolisieren eindrucksvoll zwei Grundzüge der Stadt und ihrer Bewohner: die Achtung vor der Überlieferung und den Mut zu Neuem.

Aus dem 14. Jahrhundert stammt die St. Annakirche, die seit 1525 das wichtigste Gotteshaus des evangelischen Augsburg ist. Vorher gehörte sie zum Karmelitenkloster. Wieder fällt es schwer, sich auf die Erwähnung weniger Kunstschätze zu beschränken: die Langhausstukkaturen des Wessobrunners Simpert Feuchtmaier, die dem Kirchenraum eine festliche Atmosphäre geben, das Deckengemälde von J. G. Bergmüller, die Epitaphe für Jakob Fugger und seine Brüder nach Zeichnungen von Albrecht Dürer, die kühne Freigruppe des Altars »Christi Leichnam zur Beweinung dargeboten« von Hans Daucher.

Die Goldschmiedskapelle bei St. Anna, 1420 anläßlich einer Pest gestiftet, vergegenwärtigt in ihren gotischen Fresken mittelalterliches Weltgefühl; menschliches Leben wird als Pilgerschaft dargestellt. In der Fuggerkapelle befinden wir uns in der frühesten Schöpfung der Renaissance auf deutschem Boden. Mit dem Bau wurde 1508 begonnen. Der Einfluß Florentiner Meister ist unverkennbar. Der glücklich restaurierte Kreuzgang bietet sich — mitten in der Stadt — als Ort der Meditation und Kunstbetrachtung an. Das vornehm-moderne Augustanahaus bei St. Anna wurde zu einem gern besuchten Ort menschlicher Begegnung.

Die Kunstszene Augsburgs wird durch eine Reihe weiterer historischer und moderner Kirchen bereichert, die die Gestaltungsfreude der bayerischen Schwaben beweist: Maria-Stern mit dem ältesten Zwiebelturm, die nach der Kriegszerstörung wiedererrichtete Abteikirche St. Stephan, die Barfüßerkirche mit dem segnenden Christkind Petels, die beiden Heiligkreuzkirchen, die zweischiffige Dominikanerkirche mit dem Römischen Museum, die von Elias und Esaias Holl erbaute Friedhofskirche St. Michael, schließlich die Don-Bosco-Kirche — 1962 von Thomas Wechs — und die Zwölf-Apostel-Kirche — 1967 von Clemens Holzmeister errichtet.

Zu einem zentralen Ort der Architektur wurde Augsburg aber vor allem durch seine Profanbauten; im besonderen durch die des Elias Holl. Dieser begnadete Stadtbaumeister gab Augsburg das Gesicht der Renaissance, damit jener Epoche, die am stärksten den griechisch-römischen Ursprung der europäischen Kultur sichtbar macht. Vergleiche mit Florenz und Verona drängen sich auf. Welche Inspiration und welche Verpflichtung für Bauleute und Bürger bedeuten doch diese Hollbauten! In keiner Stadt nördlich der Alpen gelang in jener Epoche — Holl lebte von 1573 bis 1646 — Gleiches. Rathaus, Perlachturm, Rotes Tor, Zeughaus, Stadtmetzg, St. Michael und der Turm der St. Annakirche — um nur die wichtigsten Schöpfungen Holls zu nennen — geben dem Stadtkern Augsburgs jene urbane Atmosphäre, die Thomas Mann »unvergleichlich« nannte.

Was aber wären kirchliche und weltliche Bauten von hohem Rang ohne Menschen, die sie mit Leben erfüllen. Wer die öffentlichen und privaten Galerien Augsburgs besucht, wer in den Schulen hospitiert, wird beglückt erfahren, daß Holbein und Holl, Burgkmair und Daucher, Amberger und Petel immer wieder befähigte Nachfolger finden. Künste und Künstler siedeln in Augsburg auf fruchtbarem Boden. Ähnliches ist für die Musik zu berichten. Augsburg wird dem Ehrennamen »Mozartstadt« gerecht. Dank der Initiativen seines ehemaligen Bürgermeisters Dr. Ludwig Wegele erlebte die Stadt unvergessene, weithin gerühmte Mozartfeste. Im Schaezlerpalais, im Kleinen Goldenen Saal in der Jesuitengasse, im Stadttheater, im Fronhof und in zahlreichen Kirchen erklingen die Werke des Wolfgang Amadeus und seines Augsburger Vaters Leopold Mozart immer wieder neu. Es ist keine Seltenheit, daß sich auf einer einzigen Seite des Gästebuches im Mozarthaus in der Frauentorstraße Besucher aus allen Kontinenten finden. Das Leopold-Mozart-Konservatorium, das Deutsche Singschulleiter- und Chorleiterseminar, Chor und Orchester des Stadttheaters, das Bayerische Jugendorchester, Universität, Schulen und Kirchenchöre insgesamt bemühen sich um die Pflege des großen Erbes schwäbischer Musikkultur. Ludwig Wegele führt in seinem Buch »Musik in der Reichsstadt Augsburg« den Beweis, daß die Rolle der Stadt in der europäischen Musik ihrer Bedeutung in Architektur und bildender Kunst ebenbürtig ist. Wer Ohren hat zu hören, kann sich davon noch heute überzeugen. Stadttheater, Freilichtbühne und »Augsburger Puppenkiste« schlagen Brücken zur Kunst der Sprache, zur Literatur und zur »schwarzen Kunst« des Buchdrucks. Die Nähe zur Gründlichkeit des schwäbischen Handwerks und zum phantastischen Reichtum der Folklore wird allenthalben spürbar. Bert Brecht besuchte mit Vorliebe den »Plärrer«, den Stadtmarkt und die Jakober-Kirchweih, dazu natürlich Gymnasium und Theater. Wo sonst hätte er die Farben für seine Mutter Courage und all die Gestalten seiner Werke hergenommen. Sein Kopf im Stadttheater und sein Werk, das zur Weltliteratur zählt, lassen sich nicht auf den Nenner des Neo-Marxismus bringen. Man lese sein Telegramm nach der Niederwerfung des Volksaufstandes vom 17. Juni 1953, in dem er Ulbricht und Genossen rät, sich ein anderes Volk zu wählen.

Für Buchdrucker, Verleger, Journalisten und Schriftsteller war und ist Augsburg ein kleines deutsches Mekka. Hier werden nicht nur die größten Druckmaschinen hergestellt und in alle Länder der Erde verkauft; Augsburg zählt heute noch zu den führenden deutschen Städten im Druckereiwesen und verfügt über eine der großen deutschen Tageszeitungen. Von Erhard Ratdolt, der in seiner Vaterstadt 1486 die ersten Noten und Texte in hebräischer Schrift druckte, über Friedrich List, dem Mitarbeiter der weltbekannten »Augsburger Allgemeinen«, zu Curt Frenzel, der dynamischen Verlegerpersönlichkeit nach dem 2. Weltkrieg spannt sich ein weiter Bogen, der den Rang Augsburgs als Stadt der »schwarzen Kunst« bestätigt.

Wenn das Handwerk die eine Schwester der Kunst ist, so ist Wissenschaft sicher die andere. Wer will exakt die Grenzen markieren? So ist es nicht verwunderlich, daß das an Handwerkern, Kaufleuten und Künstlern so reiche Augsburg auch Wissenschaftler »vorzeigen« kann, die weit über die Stadt hinaus Bedeutung erlangten. Die Universität — 1970 gegründet — entstand nicht auf einem »geschichtslosen Kartoffelacker« (so das Zitat eines Berichterstatters, der Augsburg nicht kannte).

Conrad Peutinger, Stadtschreiber und Kanzler Kaiser Maximilian I. und Karl V., galt als einer der feinsinnigsten Humanisten seiner Zeit; er war aber zugleich einer der Begründer der Finanz- und Wirtschaftswissenschaften. Die Fugger und Welser, die Höchstetter und Rem verstanden nicht nur den Pfeffer- und Erzhandel; sie legten mit ihren Bibliotheken auch den Grundstein zur wissenschaftlichen Durchdringung und Erschließung der Welt. Maximilian I., man nannte ihn auch den »Bürgermeister von Augsburg«, ließ sich als »Wißkunig« feiern. Gründe für das so späte Auftauchen Augsburgs unter den Universitätsstädten gibt es viele. Sicher lag es nicht am wissenschaftlichen Desinteresse seiner Bürger. Ein Grund ist darin zu suchen, daß es der Augsburger Bischof vorzog »seine« Universität 1551 in Dillingen zu errichten. Inzwischen versteht sich die Augsburger Alma Mater bewußt als Nachfolgerin jener ersten hohen Schule der Wissenschaft in Schwaben. Ein anderer Grund für das »universitäre Defizit« der bayerisch-schwäbischen Hauptstadt lag in der Vernachlässigung dieses Landesteiles durch die Metropole München, wo der Föderalismus im Hinblick auf das bayerisch-deutsche Verhältnis zwar immer stürmisch gefordert, wo er aber im Hinblick auf die »später dazugekommenen« Teile Bayerns nur unzulänglich praktiziert wurde. Hingewiesen sei noch auf den ausgezeichneten Ruf, den sich das Rudolf-Diesel Polytechnikum (heute Fachhochschule) und die Pädagogische Hochschule Augsburgs (heute Erziehungswissenschaftlicher Fachbereich der Universität) als Pflegestätten der Wissenschaft und ihrer Anwendung erworben hatten. Daß alle akademischen Leistungen undenkbar sind ohne ein solides Fundament von Grund- und weiterführenden Schulen, wird heute klar erkannt. Augsburgs Tradition als Schulstadt reicht bis zu den »inneren« und »äußeren« Schulen seiner Klöster im Mittelalter. Die junge Universität ist dabei, Augsburg als Stadt der Wissenschaft intensiver und neu zu beschreiben.

Mariens Tempelgang,
Altartafel im Dom von
Hans Holbein d.Ä.,
1493
*St. Mary's visit to
the Temple«, an altar
painting by Hans Hol-
bein, the Elder, 1493
Marie au Temple,
tableau de l'autel de
la Cathédrale réalisé
par Hans Holbein le
Vieux (1493)*

Das Mozarthaus
*The house of the
Mozart family.
Maison de Mozart*

Musikzimmer im Ge-
burtshaus Leopold
Mozarts (Vater des
Wolfgang Amadeus
Mozart)
*Music room in the
birth house of Leopold
Mozart (father of Wolf-
gang Amadeus
Mozart).*
*Intérieur de la maison
natale de Léopold
Mozart (pere de Wolf-
gang Amadeus
Mozart)*

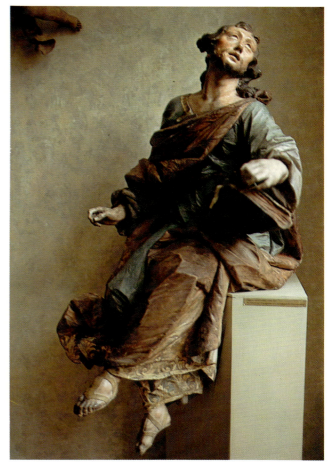

Im Maximilian-
museum, unten ein
Astrolabium von Chri-
stoph Schissler
*At Maximilian
Museum
The bottom picture
shows a globe
Musée Maximilien —
le globe terrestre*

St. Michael und
Luzifer am Zeughaus
von Hans Reichle,
1607
*St. Michael and
Lucifer, by Hans
Reichle, 1607, Zeug-
haus*
*Saint-Michel et Lucifer
de Hans Reichle
(1607) à l'arsenal*

Die Wertach,
allegorische Figur am
Augustusbrunnen von
Hubert Gerhard, 1594
*The Wertach River,
allegoric figure on
Augustus Fountain, by
Hubert Gerhard, 1594
La Wertach, figure
allégorique de la fon-
taine d'Auguste
(Hubert Gerhard,
1594)*

Der Herkulesbrunnen,
von Adriaen de Vries,
1602
*The Hercules Foun-
tain, by Adriaen de
Vries, 1602*
*Fontaine d'Hercule de
Adriaen de Vries
(1602)*

Kammermusik im
Kleinen Goldenen
Saal des ehemaligen
Jesuitenklosters
Die »Augsburger
Puppenkiste« gehört
zu den bekanntesten
Marionettentheatern
deutscher Sprache
*Chamber music
performed in the
refectory of the
former Jesuit mona-
stery
The Augsburg
Marionette Theatre is
one of the most
famous puppet
theatres in the Ger-
man-speaking coun-
tries*
*Musique de chambre
dans la Petite Salle
dorée de l'ancien
cloître des Jésuites.
L'»Augsburger
Puppenkiste«, l'un
des plus célèbres
théâtres de
Marionnettes de
langue allemande*

Bei der Probe:
Faszination
des Balletts
Rehearsal:
Fascination of ballet
A la répétition:
fascination du ballet

Festliches
Stadttheater
Nach der Zerstörung
1944 wurde es 1956
im Neu-Renaissance-
Stil des
ursprünglichen Baues
wieder errichtet
Grand opera
After destruction in
1944, the theatre was
rebuilt in the Neo-
Renaissance style
Le Théâtre municipal
Après les destructions
de 1944, il fut recon-
struit en 1956 dans le
style original
nouveau-renaissance

Die Freilichtbühne am
Roten Tor ist seit
vielen Jahren Schau-
platz bedeutender
Opern- und
Operettenauf-
führungen
*The open-air theatre
at Rotes Tor has for
years been the stage
for noted opera and
operetta perfor-
mances*
*De remarquables
opéras et opérettes
se déroulent, depuis
de nombreuses
années sur la scène
en plein air de la
»Porte Rouge«.*

In privaten und
städtischen Galerien,
in Ateliers und
Schulen wird das
Erbe Holbeins, Petels,
Burgkmairs, Reichles
lebendig gepflegt
*The heritage of the
Holbeins, Petels,
Burgkmairs and
Reichles is cultivated
in private and muni-
cipal galleries, in
workshops and
schools.
Dans les galeries
privées et munici-
pales, les ateliers et
les écoles l'héritage
d'Holbein, de Petel,
de Burgkmair et de
Reichle est perpétué.*

An der Universität
Augsburg, 1970
gegründet, wurde
Lernen in Klein-
gruppen als Reform-
element entwickelt
*The University of
Augsburg, founded in
1970, developped
special methods of
studying in small
groups as one of their
innovative concepts.
C'est dans un esprit
de réforme qu'on
développe à l'Univer-
sité d'Augsbourg, fon-
dée en 1970, lètude
par petits groupes.*

Sport und Freizeit

Spätestens während der Olympiade 1972 erfuhren Millionen Menschen in aller Welt, daß Augsburg eine Sportstadt von besonderer Art ist. Die Kanu-Slalom-Wettbewerbe wurden im Lechwasser des Eiskanals ausgetragen. Seither fanden auf der vorbildlichen Wettkampfstrecke zahlreiche Meisterschaften statt. Das Leistungszentrum am Siebentischwald wurde zu einem Begriff für Nachwuchsförderung und Intensivtraining. Augsburger Kanuten gehören bei Wettbewerben dieser Sportart zu den Favoriten. Wer weiß wie hoch die Preise im Spitzensport hängen, ermißt die beständige Basisarbeit der Clubs, der Aktiven, der Trainer und Sportärzte, die eine solche Erfolgsserie möglich machen. Daß dazu aber auch das Verständnis der Kommunalpolitiker und die breite Unterstützung durch das Publikum gehören, wird oft vergessen. Der Ruf Augsburgs als Stadt guten Sports ist letztlich im Bewußtsein seiner Bürger begründet. Kein Wunder, daß der Sportteil der Tageszeitung am Ort ebenfalls zur »Spitzenklasse« gehört; kein Wunder auch, daß Augsburg immer wieder als Tagungsort für Kongresse von Sportärzten und Trainern gewählt wird und die junge Universität allen Ehrgeiz daran setzt, qualifizierte Sportlehrer auszubilden.

Die Reihe der Sportstätten, die Augsburgs Ruf als Ort von überregionaler Bedeutung begründeten, begann kurz nach dem 2. Weltkrieg mit dem Rosenaustadion, das 1951 mit 38 000 Zuschauerplätzen eröffnet wurde. Der Trümmerschutt kriegszerstörter Häuser (750 000 cbm) wurde damals zu Sitzwällen aufgeschüttet. Auf gut schwäbische Art verstand man es, aus der Not der Zerstörung die Tugend des Wiederaufbaus zu machen. Internationale und nationale Leichtathletikkämpfe werden häufig in die Fuggerstadt vergeben, weil das Augsburger Publikum als begeisterungsfähig und fair gilt. Fußballturniere sowie — Dauerbrenner im Zuschauersport — Aufstiegs- und Pokalspiele des FCA füllen wieder und wieder die Ränge des Stadions nahe der Wertach. Über 100 000 zahlende Besucher pro Jahr ermöglichen den hohen Standard des Augsburger Fußballs. Die Prominentenelf »Datschiburger Kickers« sorgt zusätzlich seit Jahren für attraktive Sportshow-Veranstaltungen, die außerdem guten Zwecken dienen.

Die Sporthalle mit 3200 Sitzplätzen, wenige Schritte neben dem Stadion gelegen, bietet ein Programm, das in seiner Vielfalt kaum zu überbieten ist: Fechten, Turnen, Baskett-, Hand- und Volleyball, Trampolinspringen und Kunstradfahren. Das Erstaunliche ist, daß von den über 130 Augsburger Sportvereinen eine ganze Reihe in den höchsten Klassen zu finden sind. Dabei kommt der Breitensport nicht zu kurz; die Sportvereine zählen rund 30 000 Mitglieder. Schul- und Betriebssport in Augsburg können beim Vergleich mit anderen Städten sehr gut bestehen.

Bestimmt in den wärmeren Monaten der Fußball das sportliche Interesse breitester Schichten, so ist es im Winter das Eishockey. Für diesen rasanten Sport schufen Stadt und private Gönner das modern-zweckmäßige Curt-Frenzel-Stadion mit zwei Eisbahnen und 8000 Zuschauerplätzen. Die Anfeuerungsrufe der Fans halten einen ganzen Stadtteil in Atem. Das »Eja, eja AEV« hat schon manchen Gegner demoralisiert oder aber zu verbissener Leistung angetrieben. Jedenfalls wird niemand, der hier am Ort Eishockey erlebt, den Augsburgern sportliche Gleichgültigkeit vorwerfen können.

Mit Kanuslalom, Fußball und Eishockey konnten nur die populärsten Sportarten kurz vorgestellt werden. Schwimmhallen, Tennisanlagen, Turn- und Gymnastikhallen, Trimmpfade in den westlichen und östlichen Wäldern, Flüsse, Seen, Lechauen und Siebentischwald machen den »Erholungsraum Augsburg« besonders anziehend. Wahrscheinlich besitzt keine deutsche Stadt dieser Größe ein vergleichbares Angebot von Sport- und Erholungsstätten wie Augsburg mit Kuhsee, Siebentischwald, Kanuslalomstrecke, Tiergarten und Botanischen Garten. Am Südrand der Stadt gelegen gehen Tier- und Botanischer Garten in das Wald- und Auengebiet am Lech über. Die mehr als 1000 Tiere werden in möglichst natürlicher Umwelt gezeigt. Gegen 300 000 Besucher finden das Jahr über Entspannung bei Spaziergängen durch den landschaftlich reizvoll gestalteten Tiergarten. Kein Tag vergeht, an dem nicht Schüler- oder Studentengruppen bei intensivem Studium tierischen Verhaltens zu beobachten sind. Ein ähnliches Kommen und Gehen herrscht im benachbarten Botanischen Garten. Zur Tulpenblüte, zur Krippenschau und zu speziellen Führungen finden sich Gartenfreunde von weither ein, um sich an den wunderbaren Kulturen zu erfreuen. Die gelungene Einbettung in die Landschaft steigert das Erlebnis der Natur und leitet zu vernünftigem Umgang mit ihr an.

Dank wachsamer Bürger und einer gediegenen Kommunalpolitik ist es gelungen, die Qualität des Lebens in und um Augsburg zu erhalten, ja, sie da und dort zu steigern. Städtische Kultur erwächst aus der aktiven Teilnahme der Bürger am Leben »ihrer« Stadt. Die sozial-integrierende Kraft Augsburgs erwies sich nach dem letzten Krieg an den vielen Tausenden von Heimatvertriebenen und Flüchtlingen, die hier neue Heimat fanden. Die kulturelle Ausstrahlung der uralten, lebendigen Augusta — durch die Universität gesteigert — wird in hochklassigen Konzerten, Ausstellungen und Kongressen sichtbar. Sport, Erholung und Freizeit besitzen ideale Bedingungen. Handwerk, Handel und Industrie sichern über Krisen und Rückschläge hinweg die Lebensgrundlage der Bevölkerung. Friede in gesicherter Freiheit sei der Stadt und ihren Menschen für alle Zeit geschenkt.

Im Siebentischwald
Siebentischwald —
a forest near the city
La forêt
»Siebentischwald«

Der Lech, lebendiges
Band zu den Alpen
und zur Donau
The Lech river,
a living link between
the Alps and the
Danube
Le Lech, lien vivant
entre les Alpes et le
Danube

Der Kuhsee, sommer-
liches Badeparadies
mit Hochablaß
*Kuhsee, a summer
paradise near Hoch-
ablaß*
*Le Kuhsee, paradis
des baigneurs en été
et Hochablaß*

Am Eiskanal,
Austragungsort der
olympischen Kanu-
slalomwettbewerbe
1972
*Eiskanal, the site of
the 1972 Olympic
canoe slalom*
*L'»Eiskanal« où se
déroulèrent en 1972
les slaloms
olympiques de canoë*

Eishockey im
Curt-Frenzel-Stadion
*Ice hockey at
Curt-Frenzel-Stadion
Hockey sur glace au
Stade Curt Frenzel*

Das aus den
Trümern der zerstör-
ten Stadt 1950 aufge-
schüttete Rosenau-
stadion wurde
Austragungsstätte
großer nationaler und
internationaler Wett-
kämpfe
*The Rosenau Stadion,
built on the rubble of
the destroyed city,
has become the site
of national and inter-
national competition*
*A partir des ruines de
la ville d'Augsbourg
détruite par les bom-
bardements fut con-
struit en 1950, le
Stade Rosenau qui fut
dequis le théâtre de
grandes rencontres
nationales et inter-
nationales.*

Augsburg-
Mühlhausen, Sport-
und Verkehrsflugplatz
vor dörflicher Kulisse
*Augsburg-
Mühlhausen,
municipal airport near
a rural village*
*Augsbourg-
Mühlhausen:
aéroport civil et privé*

Seit Beginn des Jahr-
hunderts ist die Stadt
ein Zentrum der
Ballonfahrer
*Since the beginning
of the century the city
has been a centre of
balloon sport*
*Depuis le début du
siècle ville est
devenue un centre de
pilotes de ballons
libres.*

Stimmung am Plärrer
Besuch im Tierpark
Typical scene at the
Plärrer festival ground
Visit at the zoo
Ambiance du Plärrer
Visite au zoo

© by Verlag Die Brigg Augsburg 1977 · Alle Rechte vorbehalten · ISBN 3–87101–089–8
Grafische Gestaltung Franz B. Hahnle · Satz Hesz & Co. und Hofmann-Druck · Druck Ernst Kieser KG
Reproduktion Behnsen & Co. · Bindung Thomas-Buchbinderei · Augsburg
Übersetzung englisch Linda Linder Übersetzung französisch Claudine Touchard